租税理論研究叢書……………………34

雇用・教育と税制

日本租税理論学会 [編]

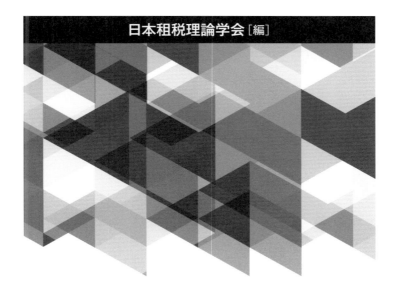

財経詳報社

租税理論研究叢書34「雇用・教育と税制」によせて

　2023年度（第35回）日本租税理論学会（本学会）の研究大会・会員総会・理事会は，2023年10月21日（土）および22日（日）の2日間にわたり名古屋市内の名城大学天白キャンパス（開催校幹事・伊川正樹理事）でハイブリッド（対面＋オンライン）開催された。

　租税理論研究叢書（研究叢書）34は，2023年度（第35回）研究大会での一般報告，シンポジウムでの報告と質疑応答「討論」を収録したものである。

　研究叢書34は，3の一般報告に加え，6のシンポジウム報告，計9の報告ときわめて多彩な内容になった。

　的確な手綱さばきで，研究大会の司会を務められた阿部徳幸理事および望月爾理事には，心からお礼を申し上げる。

　◎一般報告は，①河合基裕「配偶者居住権をめぐる課税上の問題と考察〜相続開始前に賃貸借契約があった場合の一考察〜」，②吉田貴明「特別会計の創設と財政民主主義」，③小森将之「金融システムの安定化と法人税法における貸倒引当金の関係についての考察」であった。

　シンポジウム報告は，①大城隼人「デジタルノマドと税制〜越境テレワーカー課税」，②本村大輔「ギグワーカーと所得課税・消費課税」，③武田浩明「副業・兼業収入に係る会計処理について」，④成田元男「米国における雇用・教育関連の税額控除制度に関する一考察」，⑤石川緑「教育，子育てと税制〜女性活躍社会を見据えた租税制度の在り方〜」，⑥岩武一郎「教育事業への経済支援における税制の問題点―寄附金の所得税，法人税での取り扱いを中心として―」

　以上のように，2023年度本学会での研究報告は，広く税法学，財政法，税務会計学など多岐な分野にわたり，租税問題を総合的かつ科学的に研究する本学会の設立趣旨に沿うものであった。

　今回は，報告件数が多いため，個別の講評を加える紙幅がない。読者が各報告を精読いただき，評価して欲しい。討論での指摘事項が最終報告にしっかり

反映されていないなど多少粗削りの報告も散見される。しかし，おおむね本学会が目指す研究報告のQC（質向上）に資するレベルではないかと思う。各報告者には，今後のさらなる研鑽に期待したい。

　2023年度からは，QC（質向上）を目指して「予備報告会（プレビュー）」の仕組みを設けた。報告者が，任意参加の形で，本報告に先駆けて素案に磨き（ブラッシュアップ）をかけられる機会を持てるようにするためである。加えて，研究叢書が，いわゆる"教科書的な解説・評論"あるいは"過去帳"ではなく，租税理論に関する独創性や新たな視点に富んだ学術研究報告書となるようにとの願いからである。報告を希望される方々には，是非とも予備報告会（プレビュー）の仕組みを積極的にご活用願いたい。

＊　　　　　　＊　　　　　　＊

　2023年度の本学会は，会員の皆さま方の積極的なご参加，ご協力を得て，成功裏に終えることができた。会員の皆さま方に深謝申し上げる。

　開催に向けて長きにわたりご準備いただいた開催幹事校の伊川正樹理事，および同大学のスタッフの方々には，あらためてお礼申し上げる。また，本学会事務局長をはじめとした事務局のスタッフの方々にもこの場をかりて感謝申し上げる。

　また，本学会の租税理論研究叢書の発行にご尽力いただいている財経詳報社，同社の宮本弘明社長に心からお礼申し上げる。

石村耕治（日本租税理論学会理事長）

目　次

「雇用・教育と税制」によせて ……………………………… 石村　耕治　i

I　シンポジウム　雇用・教育と税制

1　デジタルノマドと税制 ……………………………… 大城　隼人　3
　　──越境テレワーカー課税──

2　ギグワーカーと所得課税・消費課税 ……… 本村　大輔　25

3　副業・兼業収入に係る会計処理について … 武田　浩明　43

4　米国における雇用・教育関連の税額控除制度に関する一考察
　　……………………………………………………………… 成田　元男　57

5　教育，子育てと税制 ……………………………… 石川　緑　79
　　──女性活躍社会を見据えた租税制度の在り方──

6　教育事業への経済支援における税制の問題点
　　……………………………………………………………… 岩武　一郎　99
　　──寄附金の所得税，法人税での取り扱いを中心として──

7　討　論　雇用・教育と税制 …………………………… 111
　　〔司会〕
　　　　長島　弘
　　〔討論参加者〕
　　　　石川　緑／石村耕治／岩武一郎／大城隼人／湖東京至／武田浩明／成田元男／
　　　　長谷川記央／藤間大順／松田周平／望月　爾／本村大輔／八代　司

Ⅱ　一般報告

配偶者居住権をめぐる課税上の問題と考察 …… 河合　基裕　139
　　——相続開始前に賃貸借契約があった場合の一考察——

特別会計の創設と財政民主主義 …………………… 吉田　貴明　157

金融システムの安定化と法人税法における貸倒引当金の
　関係についての考察
　………………………………………………… 小森　将之　173

日本租税理論学会規約
日本租税理論学会役員名簿

■執筆者紹介（執筆順，所属・肩書等は報告時）

石川　　緑	（いしかわみどり）	千葉商科大学非常勤講師・税理士
岩武　一郎	（いわたけいちろう）	熊本学園大学教授・税理士
大城　隼人	（おおしろはやと）	青山学院大学特任准教授・税理士
河合　基裕	（かわいもとひろ）	税理士
小森　将之	（こもりまさゆき）	日本銀行金融研究所
武田　浩明	（たけだひろあき）	旭川市立大学准教授・税理士
成田　元男	（なりたもとお）	米国税理士
本村　大輔	（もとむらだいすけ）	環太平洋大学経済経営学部講師
吉田　貴明	（よしだたかあき）	帝京大学法学部専任講師

I シンポジウム

雇用・教育と税制

2023年10月21・22日　第35回大会（於　名城大学／オンライン　ハイブリッド開催）

1 デジタルノマドと税制
―― 越境テレワーカー課税 ――

大 城 隼 人
（青山学院大学特任准教授・税理士）

Ⅰ　はじめに（問題の所在）

1　はじめに（問題の所在）

　国境を越えたテレワークの台頭は，今日の税制に課題をもたらす。国境を越えた労働という現象は新しいものではないが，従業員が他国の自宅からテレワークで業務を行えることは，（従業員が）従来の活動場所ではないことを意味する。そのため，業務を行う場所も国内および国境を越えた場所での変容を意味し，居住地国または第三国で働く場合，国際課税の問題を提起する。これは所得への課税と企業利益への課税（給与課税）に関係してくる。

　一方，優秀な人材を集めようと，リモートワークビザ（査証）を導入する国が相次いでいる。通常の就労ビザはその国で雇用されないと取得できないが，一定額の所得などを条件に，国外企業に遠隔勤務する人にも滞在を認めるビザを認めている。これらは高所得者を呼び込み消費や投資を活性化させる狙いもあるように見受けられる。企業も国境の壁を越えて働ける環境を整えなければ，スキルをもった人材を確保できなくなるといえる。これは，国家戦略であり，租税政策の選択にもなりうる問題である。

　ノマドワークの規模について，A Brother Abroad 社の調査では 2021 年時点の世界のデジタルノマド人口は 3,500 万人以上とされ，その経済効果は全世界で 7,870 億 USD（約 114 兆円，1 人あたり約 326 万円※ 1 USD＝145 円換算）にも及ぶと試算されている。

　リモートワークビザ（査証／ノマドワークビザ）は国によっては，非課税の取扱いとなっている。クロアチア，ドバイ，モーリシャス，カーボベルデなどが

あげられる。

　日本においては，2023年内閣府「経済財政運営と改革の基本方針2023」閣議決定（令和5年6月16日）において，ノマドワークを含む高度人材の流入に力を入れ，舵を切ったことから問題が生じることとなった。

　ノマドワークやリモートワークの問題は，日本のみならず各国において取扱いがなく，高度人材の綱引きが起こっている現象が生じている状況である。

　そこで，本研究においては，ノマドワークやリモートワークの課税問題について検討を行っている。

2　用語の定義

　デジタルノマド，国際的ノマドワークとは，一般的に「遊牧民や放浪者を意味する（nomad）と（work）をかけ合わせた用語であり，遊牧民のように，決まった場所に滞在せず，仕事場を転々とする決まったオフィスに毎日出社する働き方とは対照的な働き方をいう。デザイナーやエンジニアなど，ひとりで作業をすることが多い職種や，インターネットさえあれば仕事ができる職種」といわれる造語である。

　ノマドは，松下慶太『モバイルメディア時代の働き方』勁草書房（2019）によると，1985年ごろからあったとしている。日本企業の海外への工場移転の一因になったといわれる1985年の「プラザ合意」と同時期から確認されている。

　類似の用語として，「ワーケーション」とは，Work（仕事）とVacation（休暇）を組み合わせた造語で，テレワーク等を活用し，リゾート地や温泉地，国立公園等，普段の職場とは異なる場所で余暇を楽しみつつ仕事を行うことをいう。これらは，国内でも交通費（給与課税）が問題となっている（所法9①四）。

　類似の用語として，「ブレジャー（ブリージャー）」とは，Business（ビジネス）とLeisure（レジャー）を組み合わせた造語で，出張等の機会を活用し，出張先等で滞在を延長するなどして余暇を楽しむことをいう。

　上記において，OECD Glossary of Tax Termsにおいても用語の定義はない。

　越境リモートワーク（cross-border），デジタルノマド，テレワーク，バーチ

ャル駐在，cross-border workers 等と様々な呼び方がある。本研究では，正式な用語が定着していないため，用語を限定せずに使用している。

　フリーランスとノマドワーカーは働き方の定義が異なる。フリーランスは個人事業主であり，企業に雇用されない契約形態をとる。一般的に Web エンジニアや Web デザイナーなどが，フリーランスとされる。

　ノマドワーカーは「ワークスタイル」のことを指す。働く場所を制限されない働き方のため，雇用契約が関係する。その雇用契約が結ばれた上で，多様な働き方の推進，他国からのデジタル人材の確保が求められている。

　ノマドワークは，契約形態，対象者，期間によって税務上の論点が異なる。基本的には，下記のケースが考えられる。

　(1)日本本社との雇用契約によるノマドワーク，(2)日本本社との業務委託契約によるノマドワーク，(3)海外居住者が日本本社の役員となる場合，(4)日本居住者が海外で短期的にリモートワークをする場合，(5)他

　多くのケースがあるが，ノマドワークは通常，居住地国の税法に従い，課税され，納税方法は，源泉徴収と確定申告による。居住地国で雇用主がいない場合も想定される。

Ⅱ　背　景

1　ノマドワークやリモートワークの状況

　従来から，デジタル人材の確保の一部として，専門職な業界ではノマドワークを採用してきた。これらは働き方の問題であり，ノマドワーカーの人口も世界規模で加速度的に増えてきた。

　大きな契機となったのは，2019 年 12 月に発生した新型コロナウイルス感染症（COVID-19）であり，新型コロナウイルス感染症は世界規模でのパンデミックを引き起こし，新型コロナウイルス感染症蔓延防止の目的からノマドワークやリモートワークが加速した経緯がある。

　新型コロナウイルス感染症が終息した後も世界規模でテレワークを希望する者が多くなっている[1]。

　テレワークを希望する理由として，感染拡大の防止，在宅勤務，日常業務の

デジタル化の加速，通勤時間の短縮，ワークライフバランスの確保，在宅勤務の増加による炭素排出量の削減と交通渋滞の緩和，オフィススペースの必要性（家賃）の減少，オフィスビルの排出コストの削減，人口減少につながるといわれている[2]。

総務省「令和5年版情報通信白書」2023年7月によると，テレワーク導入率（オンライン会議の利用含む）について「活用する予定」が71.9％，検討中が15.3％と日本においても，企業の約9割が導入している状況となっている。今やリモートワークは，常識的・一般的な概念になっているといえる。

2 デジタルノマド（ノマドワーク）の誘致

日本政府は，「新しい資本主義」を掲げ，地方創生やグローバル競争力の強化，新しい働き方の推進等に取り組んでいる。その一環として，デジタル技術の進歩や働き方の多様化等によって国際的なリモートワーカー，いわゆるデジタルノマドが増加しており，デジタルノマドの誘致に向けた制度整備を行っている。

従前から，内閣府「対日直接投資推進会議」において議論がされ，2023年6月「海外からの人材・資金を呼び込むためのアクションプラン」において，「国際的なリモートワーカー（いわゆる「デジタルノマド」）の呼び込みに向け，ビザ・在留資格など制度面も含めた課題についての把握・検討を行い，必要な対応を行う。【内閣官房，内閣府，デジタル庁，総務省，法務省，外務省，財務省，厚生労働省，国土交通省】」と明確にしている。

その後，内閣府「経済財政運営と改革の基本方針2023」閣議決定（令和5年6月16日）で高度人材等の受入れとして，ノマドワーク・リモートワークが含まれ本格的に導入されることとなった。

ノマドワークは，単に長期滞在による経済効果を期待しているだけではなく，国にスタートアップやイノベーションといったメリットをもたらしてくれる質の高い外客獲得という期待が根底にはある。途上国やタックスヘイブン地域[3]では好まれ，デジタルノマドの税制上の優遇措置を提供する国もある。

ノマドワーク本人に求められる要件として，①日本に上陸する年の1月1日から12月31日までのいずれかの日において開始し，又は終了する12月の期

間のすべてにおいて，日本での滞在期間が6か月を超えないこと，②租税条約の締約国等かつ査証免除国・地域の国籍者等であること，③年収が1,000万円以上であること，④本邦滞在中に死亡，負傷又は疾病に罹患した場合における保険に加入していることが求められる。

租税条約の締約国等かつ査証免除国・地域の国籍者等の要件を満たすのは以下，50か国／地域となる（2024年4月1日現在）。

アイスランド，アイルランド，アメリカ，アラブ首長国連邦，アルゼンチン，イギリス，イスラエル，イタリア，インドネシア，ウルグアイ，オーストリア，オーストラリア，オランダ，カタール，カナダ，ギリシャ，クロアチア，シンガポール，スイス，スウェーデン，スペイン，スロバキア，スロベニア，セルビア，タイ，チェコ共和国，チリ，デンマーク，ドイツ，トルコ，ニュージーランド，ノルウェー，ハンガリー，フィンランド，ブラジル，フランス，ブルガリア，ブルネイ，ベルギー，ポーランド，ポルトガル，マレーシア，メキシコ，ラトビア，リトアニア，ルーマニア，ルクセンブルク，韓国，香港，台湾

ノマドワーク該当の家族が帯同を認められるための要件として，①ノマドワーク本体と法律婚の関係にあること（配偶者），又は，②ノマドワーク本体の実子又は養子であること（子），③査証免除国・地域の国籍者等であること，④本邦滞在中に死亡，負傷又は疾病に罹患した場合における保険に加入していることがあげられる。

ノマドワーク本人，家族の在留期間等について，ノマドワーク本人，家族について認められる在留期間は，「6か月」に限られ更新は認められていない。6か月を超えて，日本でリモートワークを希望する場合には，一度日本を出国し，一定期間（6か月）を経過後，再度利用することになる。また，ノマドワーク本人，家族について，資格外活動許可は原則認められていない。

諸外国におけるデジタルノマド（ノマドワーク）ビザをめぐる世界各国の状況は異なる。

(i) デジタルノマドビザがある国：マレーシア，タイ，スペイン，ポルトガル等[4]
(ii) デジタルノマドビザはないが，他のビザをもって，デジタルノマドが認められる制度がある国：ドイツ，台湾，カナダ，イギリス，オーストラリア等[5]

Ⅲ 国際課税における課税原則

1 国際課税における課税原則

　国際課税において各国の採用する課税原則は，その人的管轄権に基づき全世界所得課税原則とその属地管轄権に基づく領土主義課税（国外所得非課税・国内所得のみ課税）原則に大別される。

　国際法では，各国の主権は平等であるとされ，各国は他国の主権を尊重する義務をもつ（内政不干渉義務）。[6]

　国家が一定範囲の人，財産または事実に対して主権を具体的に行使する国際法上の権能または国家の主権の発現形態を管轄権という。

　管轄権は，その作用から立法管轄権，執行管轄権，司法管轄権に分類される。

　管轄権の適用範囲について一般に属地主義と属人主義が認められているが，属地主義が基本で属人主義がこれを補うものとされる。

　属地主義により，国家は，基本的に自国の領域内で他国の介入を排除し，自国民と外国人の双方に管轄権を行使する権利を有し，他国の領域内での権力の行使を禁止される（管轄権の域外適用の禁止）。属人主義により，国家は，発生した事実に対しその行為主体の国籍を基準にして管轄権を行使することができるが，この原則で域外適用が認められるのは立法管轄のみとされる。国家の管轄権の一形態である課税管轄権の適用も，国際法により認められる属地主義及び属人主義に分かれる。

　課税管轄権における個人主義のあり方としては，国籍基準で，所得の源泉地を問わず，すべての国民（または市民）に対し全世界所得に課税権を及ぼす。国籍基準の課税原則を採用している代表例が米国となる。米国は，国際法にいう属人主義に基づく課税管轄権を国籍基準と居住基準双方により納税者に課し全

世界の所得に影響を及ぼす。

「市民課税」が本来の属人主義による課税といえるが，実際には，多くの国は，まず属地主義により自国の領域内に住所または居所等を有する人（者）を「居住者」とし，自国の居住者の全世界所得（所得の源泉地を問わず）に課税権を及ぼす「居住者課税」を採用している。

国家が国籍を有しないが領域内に居住する「居住者」（いわゆる居住外国人）に領域内で発生した所得のみならず領域外で発生した所得に対して課税権（所得に着眼すると域外適用の問題がある）を及ぼすことが正当化されるかという議論の余地がある。

したがって，居住者課税については，居住者という人的属性に着眼して属人主義による課税とみる説と，領域内における居住という事実に着眼して属地主義による課税とみる説に分かれる。本研究では，前者の立場をとる。

課税管轄権における属地主義のあり方としては，所得の源泉が領域内にある限り，所得の帰属主体が国籍を有するか否か，また，居住者であるか否かにかかわらず，その所得の帰属主体に課税権を及ぼすため「領土主義課税」といえる。さらに，領域内で発生した所得に加えて，外国から領域内に送金される所得や国外に源泉がある所得であっても領域内で支払を受けるものに対して課税権を及ぼす場合も，領土主義課税の変態として存在する。

居住基準[7]についても，各国の国内法上の居住者概念は国ごとに異なる。また，同じ国の国内法でも，法令の目的の違いにより，居住性の判定基準は異なる[8]。

例えば，外国為替法令[9]における居住者の定義は，必ずしも税法における居住者の定義と同様ではない。

IFAのStéphanie AUFERIL[10]の報告によると，2002年（IFA（Luc de Broe），"General Report : The tax treatment of transfer in residence by individuals" Cahiers 87b, 2002.）において世界中から研究者が集結し議論してきたが，その後，国際課税原則，居住者概念については，何ら進展していない旨の報告がなされた。ここでは，その要因として，各国の租税訴訟においても，居住性について，優遇税制と二国間租税条約の適用が複雑に絡み合い，訴訟において争点となる場合が多いことや，居住者証明が有効となるかどうかもケース・バイ・ケース

であること，さらに居住性にかかる税務争訟の判決も国ごとに判断が分かれている旨が報告されている。

2　税務上の取扱い：日本の所得税法上の納税義務者[11]

　日本の所得税法では，納税義務者である個人を(1)居住者と(2)非居住者に区分し，居住者を(3)非永住者と(4)非永住者以外の居住者に区分した上で，それぞれの課税所得のうち国内で支払われまたは国外から送金されたものに対してのみ課税され，非永住者以外の場合，全世界所得に対して課税される。

　所得税法では，居住者とは(i)国内に住所を有する個人と(ii)現在まで引き続いて1年以上居所を有する個人をいう（所得税法2条1項3号）。国家公務員・地方公務員（日本国籍を有しない者を除く）は，国内に住所を有しない期間にも国内に住所を有するものとみなされる（所得税法3条1項）。国内に居住することとなった個人は，(i)国内で継続して1年以上居住することを通常必要とする職業を有する場合又は(ii)日本国籍を有しかつ国内で生計を一にする配偶者その他の親族を有することその他国内で継続して1年以上居住するものと推測するに足りる事実がある場合，国内に住所を有する者と推定される（所得税法施行令14条1項）。

　課税所得の範囲を決定する税法上の「居住者」概念の意義は，「住所」と「居所」という借用概念に基づいて決定されることとされる。一般に「住所」とは生活の本拠をいい，「居所」とは継続して居住しているが個人と場所の結合が住所ほど緊密でないものをいうと解されてきたが，現代のライフスタイルの多様化，情報通信・交通の発達，経済活動の複雑化によって，必ずしも生活の本拠が単一であるとはいえない実態が出現し，私法上住所複数説も有力になっている。

　国際課税においては，各国内法の居住者概念の差異によって，個人が二重居住者となる場合，国際的二重課税（International Double Taxation）の問題が生じ，その差異を利用し，永遠の旅人（Perpetual Traveler：PT）としていずれの国の居住者にも該当しない租税回避スキームによる場合，国際的不課税（International Non-Taxation）の問題を生じることになる。

国際的二重課税を片務的に国内法で救済する国は存在しないので、租税条約によって二重居住者の振分け基準を定め、この基準により振分けを行う必要がある。

日本が準拠するOECDモデル租税条約では、順次、(i)恒久的住居、(ii)重要な利害関係の中心、(iii)常用の住居、(iv)国籍という基準を用いて居住地国を定め、なお決定しない場合には、権限ある当局の合意で決定することとする（4条2項）。これらの概念は、日本の私法に馴染まない概念であり、実際の適用には困難が伴う。

国内源泉所得（income from sources within Japan）において、①制限納税義務者（非居住者・外国法人）に対する課税標準の算定、及び②無制限納税義務者（居住者・内国法人）の外国税額控除の控除限度額の計算を行い、それらは、「所得帰属」（income attribution）概念が適用される[12]。

3 租税条約上の取扱い

個人が二重居住者となる場合、国際的二重課税（International Double Taxation）の問題を生じないように、租税条約により制限されることになる。

日本における租税条約ネットワークについては、86租税条約等、155国・地域適用（2024年4月1日現在）となっている。

OECDモデル租税条約では、第1条（対象となる者）で国籍基準ではなく、居住基準を採用している。OECDモデル租税条約では、個人は4条2項に規定する二重居住者の振分けに関する基準により振分け、法人は協議により振分ける。日本の締結している租税条約では、多くが個人はOECD基準により振分け、法人は本店所在地国の居住者とする。また、4条2項に規定する二重居住者の振分けに関する基準を考慮する旨の交換公文又は議定書がある[13]。

OECDモデル条約では、租税条約の人的適用範囲として「この条約は、一方又は双方の締約国の居住者である者について適用する。(2017年改正)」（1条）と規定し、国際基準でなく、居住基準を採用しているが、二重居住者の振分基準として、恒久的住居、重要な利害関係の中心、常用の住居に次いで国籍を掲げている。しかし、二重または第三国籍を想定してある当局の合意を掲げる。

また，租税条約は，無差別待遇条項において，国籍無差別，無国籍者無差別を規定し，国籍無差別に関する事業の相互協議について規定している。

　OECDモデル条約3条（一般的定義）1項iは，「国民」を次のとおり定義する。一方の締約国の国籍を有するすべての個人。ii 一方の締約国で施行されている法令によりその地位を与えられたすべての法的主体とする。国民の解釈も重要となる。

　「事業」には，自由職業その他の独立の性格を有する活動を含むとされている（1977，2000年改正）。

　米国は，市民課税の原則を有するため，日米租税条約においても，特別な規定を設けている。日米租税条約では，「居住者」の定義において居住基準とともに（市民権基準を明記し，二重居住者の振分基準として，恒久的住居（permanent home），重要な利害関係の中心 center of vital interests），常用の住居（habitual abode）に次いで，国籍を掲げ，二重国籍または第三国無国籍を想定して権限ある当局の合意を掲げている。日米租税条約は，無差別待遇条項において，国籍無差別を規定し，国籍無差別に関する事案の相互協議について規定している。

　日米租税条約3条1項は，「国民」を次のとおり定義する。(i)日本国については，日本国の国籍を有するすべての個人及び日本国において施行されている法令によってその地位を与えられたすべての法人その他の団体，(ii)合衆国については，合衆国の市民権を有するすべての個人及び合衆国において施行されている法令によってその地位を与えられたすべての法人，パートナーシップその他の団体としている。

　源泉地国課税における租税条約の人的適用範囲は，条約相手国の居住者であり，租税条約の適用に当たり，各国の「居住者」の定義は重要となる。OECDモデル条約4条1項では一方の締約国の「居住者」とは，各国内法上の「居住者」で，当該国において課税を受けるべきものとされる者である。各国の法令により，住所，居所，事業の管理の場所その他これらに類する性質の基準（すなわち居住基準等）によって納税義務を課される者を「居住者」とするとしている。

　「租税条約の居住者」概念は，個人と法人を区別しない。また，各国の国内法

では居住者に該当するとしても，当該国内法により納税義務を課されない者は，「租税条約の居住者」には含まれない。そこで，OECDモデル条約で「国および地方政府または地方公共団体を含む」という規定が意味をもつ。さらに，OECDモデル条約は，「一方の締約国内に源泉のある所得または一方の締約国に存在する財産のみについて当該一方の締約国において課税される者」を「租税条約の居住者」に含めないと規定する。OECDモデル条約4条2項は，次の基準に従って課税上の地位を決定することと規定する。「1の規定によって双方の締約国の居住者に該当する個人については，次のとおりその地位を決定する」

(a) 当該個人は，その使用する恒久的住居が存在する締約国の居住者とみなす。その使用する恒久的住居を双方の締約国内に有する場合には，当該個人は，その人的及び経済的関係がより密接な締約国（重要な利害関係の中心がある締約国）の居住者とみなす。

(b) その重要な利害関係の中心がある締約国を決定することができない場合又はその使用する恒久的住居をいずれの締約国内にも有しない場合には，当該個人は，その有する常用の住居が存在する締約国の居住者とみなす。

(c) その常用の住居を双方の締約国内に有する場合又はこれをいずれの締約国内にも有しない場合には，当該個人は，当該個人が国民である締約国の居住者とみなす。

(d) 当該個人が双方の締約国の国民である場合又はいずれの締約国の国民でもない場合には，両締約国の権限のある当局は，合意によって当該事案を解決する。

1の規定によって双方の締約国の居住者に該当する者で個人以外のものについては，両締約国の権限のある当局は，その者の事業の実質的な管理の場所，その者が設立された場所その他関連するすべての要因を考慮して，この条約の適用上その者が居住者とみなされる締約国を合意によって決定するよう努める。そのような合意がない場合には，その者は，この条約に基づいて与えられる租税の軽減又は免除（両締約国の権限のある当局が合意する範囲において，及び両締約国の権限のある当局が合意する方法によって与えられるものを除く）を受けるこ

とができない。

　日本の法制において,「恒久的住居」「常の」「重要な利害関係の中心」について「定義」規定がない。これらの用についてOECDモデル租税条約コメンタリーで若干の説明がなされるが,なお曖昧な概念である。

　米国の市民課税原則,法人またはパートナーシップの準拠法主義・設立準拠主義や日本の永住者制度・法人の内外区分基準(本店所在地主義)のように税制の差異が大きい国の扱いもある[14]。

　ノマドワーク・リモートワークと租税条約の適用においても,要件を満たしていくには,難問が多く取り残されている。多国間条約レベルの整備が必要となる。

4　実質主義(substance over form)を重視する国際課税ルール

　2015年10月にOECD租税委員会はOECD/G20BEPSプロジェクト最終報告書を含む政策パッケージを公表し,同最終報告書は,同年10月8日G20財務大臣・中央銀行総裁会議において承認され,新しい国際課税ルールとして実質主義を重視する。

　「実質主義」(substance over form)の原則は,課税は法的フィクションでなく,経済的現実(economic reality)に基づいて行われるべきであるという原則である(OECD Glossary of Tax Termsでは,「現実の実質」(actual substance)という)。

　OECDでも,経済的所有権,経済的帰属など経済的実質に基づく思考方法や概念がすでに国際課税ルールで重要な役割を演じてきている。今や実質課税(substance-based taxation)は国際課税ルールの周知の事実となっている。典型例をあげると,「PEへの利益帰属」(2010年OECD報告書)や「重要な人的機能(significant people function:SPF)」(OECD移転価格ガイドライン2017)概念の導入があげられる。

　日本においても,平成26年度税制改正において,非居住者及び外国法人に対する課税原則を従来の総合主義から帰属主義に改正し,国内源泉所得の定義を変更し,非居住者及び外国法人の国内PEに帰せられる内外所得(以下「PE

帰属所得」という）を従来の国内事業所得に代わる国内源泉所得の一種と位置づけた。その結果，非居住者及び外国法人の国内 PE は，国内法上本店等から個別かつ分離した企業であると擬制され，その PE 帰属所得は，AOA に準拠して当該 PE に帰せられるべき所得とされ，PE 帰属所得の算定アプローチの定式化が導入され，本店等との内部取引を認識し，移転価格税制における独立企業間価格に基づいて行われることになっている。

（移転価格ガイドライン 2017 以降）現行の移転価格課税において，まず「現実の取引を正確に記述すること」(accurately delineating actual transaction) を要求し，従前の移転価格ガイドラインがアレンジメントの実質でなく契約で価格決定をする当事者間の契約の文言を重視してきたことに対し，現行のガイダンスでは実質に焦点を合わせる。すなわち，契約上のリスクの引受，契約上のリスク配分でなく，リスクの支配とリスクを引き受ける財務能力に焦点を合わせて，法的所有権や単なる資金提供でなく価値創造に焦点を合わせる。また，取引の「経済的に関連する性格」(economically relevant characteristics／経済的特性) の特定を要求し，例外的な場合として，取引の経済的実質が法形式と乖離する場合又はアレンジメントが商業合理性 (commercial rationality) のないものである場合には，税務当局が現実の取引を認識しないこと (non-recognition)，すなわち否認すること (disregarding) や私法上の法律構成 (legal structure) のリキャラクタライゼーションを認める。したがって，実質課税に基づき課税が行われる[15]。日本では検討されていない内容も多い。そのため，アウトバウンド課税（日本親会社／海外子会社海外リモートワーク所在地国）での課税を想定しておく必要がある。

OECD は，基本的に賃金の課税に関しては，ある加盟国（居住管轄）に居住しているが，別の管轄区域（源泉管轄）にある会社で働いている労働者は，二重課税の対象となる可能性があり，両方の管轄区域が所得に課税される。このような二重課税の解消・回避するために，各国は，OECD モデル租税条約に従って，租税条約を締結している。OECD モデル租税条約は，一般原則として，雇用による所得は居住地の管轄区域でのみ課税されるべきであると定めている。ただし，業務が他の国（つまり，源泉地国）で行われる場合，従業員が 1 年に少

なくとも183日源泉地に滞在するか，報酬が源泉地の雇用主によって支払われる場合，源泉地国は，この州で働いた日数に起因する所得に課税することができるとしている。または報酬が源泉国の雇用主のPEによって負担される場合も想定している。

OECDは，新型コロナウイルス感染症のパンデミックを踏まえて，"Updated guidance on tax treaties and the impact of the COVID-19 pandemic" January 2021を公表した。ここでは，「企業の事業の一部が個人のホームオフィスなどの場所で行われている場合でも，その場所が企業で働く個人（従業員など）によって使用されているという理由だけで，その場所をその企業が自由に使えるという結論につながるべきではない」とし，臨時的に容認している。PE認定や居住性の判定などの国際課税問題に係る考え方を示し，各国税務当局がこれを税法や条約の解釈と執行に反映することを勧告している。[16]

ノマドワーク・リモートワークと各国明確な法規に至ってはいないが，各国の税務上，リモートワーカーは，リモートワーカーの雇用主または顧客が居住している国，またはPEを持っている国，または固定された拠点を持つ国以外の国で働く従業員または個人請負業者として機能・リスクを帰属できるとしている。

法人税にフォーカスする場合，企業の居住，PEの存在，及び関連当事者間の関係に関する問題が関連するといえる。企業の居住はOECDモデル租税条約に準拠していることを前提とする。[17] 居住者判定のカウント開始の日も今後は焦点となりうる。[18]

5　租税訴訟における居住者判定に要する要素

各国の租税訴訟においても，居住性について争点となる場合が多く，居住性にかかる税務争訟の判決も国ごとに判断が分かれる。

多くの裁判例において，「その具体的な判断に当たっては，①滞在日数及び住居，生計を一にする配偶者等の居所，②職業，③資産の所在等の事情を総合的に考慮すべき」と判示する。[19]

租税訴訟における居住者判定に要する要素としては，下記のとおりとなる。

(1) 住居の状況（国内・国外における住所，住居の契約，生活用動産の状況，電話の使用状況，水道光熱費の契約・使用料，自家用車の保有）
(2) 本人の意思（国籍・住民登録，出入国状況，年金や健康保険の届出，居住の意思）
(3) 職業の状況（役職や勤務の状況，勤務地，勤務の状況，出国時の旅費の精算，契約期間，収入の状況）
(4) 資産の状況（不動産の所有状況，預貯金の口座，資産の保有や譲渡）
(5) 家族の状況（家族との同居・扶養，家族の職業・学校，住民登録の状況）

日本において，ノマドワークで争った形跡はないが，ノマドワークやリモートワークでの働き方を鑑みれば，職業の状況（契約）における居住となることが考えられる。

6 社会保険・社会保障協定の影響

社会保険・社会保障協定の影響から国境を越えた就労を阻害する要因にもなりうる。すなわち，国際間の人的移動に伴い，日本から諸外国に派遣され就労している被用者及び外国から日本に派遣され就労している被用者については，①二重加入の問題，②年金受給資格の問題がある。これらが国際間の人的移動の阻害要因といわれていた。

進出国が社会保障協定発行済みの国であれば，「保険料の二重負担の防止」や「年金加入期間の通算」の措置が受けられる一方で，協定未締結または未発行の国であれば，保険料の二重負担や年金保険料の掛け捨ての問題が生じる。

そこで，社会保障協定は，次の2点を目的として締結している。「保険料の二重負担」を防止するために加入するべき制度を二国間で調整する（二重加入の防止）。年金受給資格を確保するために，両国の年金制度への加入期間を通算することにより，年金受給のために必要とされる加入期間の要件を満たしやすくする（年金加入期間の通算）。

社会保険協定の状況は，2022年6月1日時点において，23か国と協定を署名済みであり，英国，韓国，イタリア（未発効）及び中国との協定については，

「保険料の二重負担防止」のみとなる。[20]

　社会保障協定の締結の観点から，日本が承認している国の数である195か国のうち，23か国と社会保障の締結数が少ないため課題はあるといえる。

IV　越境リモートワークにおけるOECD，EU，国連の動向

1　越境リモートワークにおけるOECDの動向[21]

　新型コロナウイルス感染症拡大を機に2020年4月に発行されたガイダンスノートで，リモートワーカーの国境を越えたテレワーク（管轄権，居住権，PE等）に係る不確実性に対処した。ここでは，不可抗力的な滞在や不在から生じる次の4つの問題に関して，租税条約（課税権の配分）の解釈方法や，各国税務当局の執行上のアプローチを勧告している。①他国で長期間勤務する社員に係るPE認定，②法人の居住性の判定（管理支配地主義で判定する場合），③個人の居住性の判定（双方居住者の場合），④居住地国以外の国に通勤する社員の給与課税ガイダンスの内容は各国の感染対策措置が取られている間に限るものとされ，またOECD事務総長の責任に基づいたもので，必ずしも加盟国の公式見解を反映したものではないがコロナ禍を機に変化するものと考えられる。[22]

2　越境リモートワークにおけるEUの動向

　元々，EUは，国境を越えた課税の難しさを議論してきた。[23] Report of expert group, "Ways to tackle cross-border tax obstacles facing individuals within the EU"において，テレワークは今後も続く論点として，従来の課税原則の変更を議論している。EUでの議論として，①グローバルレベルでの合意が必要としていること，②183日のルールが適用の変更（96日の提案含む）が必要であること，③第1の柱（利益A）のように労働日数と労働所得を配分できないのか，④源泉徴収，社会保険，これらもワンストップでできないか，⑤従業員と雇用主が加盟国間の税務紛争を減らすと同時に，個人が複数の国で申告することなく税金が正しく徴収されるようにするためのインフラの提案等の議論が行われている。

　英国[24]，スウェーデン[25]，ギリシャ[26]と取扱いが異なるため，留意が必要となる。

3 越境リモートワークにおける国連の動向

国連は、越境リモートワークに関する将来の政策展開においても重要な役割を果たすことを認識している。国連租税委員会は、国際税務ルールと企業活動のデジタル化の進展に鑑み、経済のデジタル化・グローバル化に関連する税務問題に関する報告書を提出し、2023年3月27日から30日までニューヨークで開催された第26回委員会において議論を行っている。[27]

国連報告書のワークストリームCは、リモートワーカーが関与する国境を越えた課税の問題を扱っている。[28] 結論は出ていないが継続的な論点としている。

V　むすび

日本におけるノマドワーク（越境リモートワーク）の本格導入をきっかけに検討を行ってきたが、居住者・非居住者いずれが有利か不利の判断も、ケース・バイ・ケースとなると考えられる。コロナ禍を契機に、また日本も高度人材を受け入れる舵を切ったことにより、国際課税原則の転換期に入っているともいえる。

各国は、優秀な人材を集めようと、リモートワークビザ（査証）を導入する国が相次いでいる。個人の移動の自由と税の取扱いがグローバルでも問題となっているといえる。

本研究では、出国税、優遇措置、追跡・追尾（trailing）、地域区分化（territorial compartmentalization）の問題は触れなかったが今後の課題となる。

本研究では、優秀な人材を集めようと、各国リモートワークビザ（査証）を導入することにより、国際課税原則に変化があるが、各国の国内法に導入されていないところにジレンマがある。現在が様々な分岐点である旨を指摘したい。

参考文献

青山慶二「米国納税義務者による海外直接投資の課税の改革に向けて」租税研究第709号（2008）

植田祐美子「非永住者制度の今日的存在意義について」『税大論叢』第105号（2023）

漆さき「居住地国課税原則をめぐる社会の変化と住所概念の現代的意義」日本租税理論学会編『租税理論研究叢書25　国際税制の新展開』財経詳報社（2015）

川井久美子「越境リモートワーカーに関する税務上の留意点」『経理情報』第1674号（2023）

EY税理士法人「モビリティ（海外赴任）コラム：国際的リモートワーカー（デジタルノマド）の受入れ」
酒井克彦『改正入管法対応　キャッチアップ　外国人労働者の税務』ぎょうせい（2019）
関口博久『租税条約の人的適用に関する研究』大蔵財務協会（2012）
田中治「住所の判断基準をめぐる紛争例」『税務事例研究』第184号（2021）
長島弘「非居住者該当性が争われ主として滞在日数により判断された事例［東京地裁令和3.11.25判決］」『月刊税務事例』第55巻第1号（2023）
本庄資他『国際租税法―概論―第4版』大蔵財務協会（2018）
伴忠彦『海外取引の税務リスクの見分け方』税務研究会（2023）
藤井恵『海外勤務者の税務と社会保険・給与Q＆A（七訂版）』清文社（2022）
増井良啓「日本の租税条約」金子宏『租税法の基本問題』有斐閣（2007）
増井良啓「米国両議院税制委員会の対外直接投資報告書を読む」租税研究第708号（2008）
増井良啓「内国法人の全世界所得課税とその修正」日本租税研究協会『抜本的税制改革と国際課税の課題（社）日本租税研究協会第63回租税研究大会記録』（2011）
「特集　海外移住者に対する税務サービス」『税経通信』2023年7月号
IFA (Luc de Broe), "General Report : The tax treatment of transfer in residence by individuals" Cahiers 87b, 2002.
IFA (Giorgio Beretta), "IFA Research Paper : Mobility of Individuals and Taxation" Research Associate 2017/2018.
IFA Research Report, "Geographic Mobility in the European Union: Optimising its Economic and Social Benefits" No.19 July 2008.
EU, "Ways to tackle cross-border tax obstacles facing individuals within the EU" November 2015.
EU, "COMMISSION EXPERT GROUP "PLATFORM FOR TAX GOOD GOVERNANCE"" TAX IN AN INCREASINGLY MOBILE WORKING ENVIRONMENT: CHALLENGES AND OPPORTUNITIES, October 2021.
Michael Kirsch, "The Congressional Response to Corporate Expatriations: The Tension Between Symbols and Substance in the Taxation of Multinational Corporations" Notre Dame Law School 2005.
OECD (Anna Milanez and Barbara Bratta), "Taxation and the future of work" OECD Taxation Working Papers 2022.
OECD, "Secretariat Analysis of Tax Treaties and the Impact of the COVID-19 Crisis" (Apr. 3, 2020).
OECD, "Updated Guidance on Tax Treaties and the Impact of the COVID-19 Crisis" (Jan. 21, 2021).
PWC, "Evolution of Territorial Tax Systems in the OECD" April 2, 2013
Raad C. van, "Fractional taxation of multistate income of EU resident" Kluwer Law International, 2001.
Raffaele Petruzzi, Dhwani Mainkar, "Remote Work vs. Corporate Income Tax: Relocating Our Understandings" Tax Notes International, February 12, 2024.

Raphael Holzinger, "Fundamentals of Transfer Pricing: General Topics and Specific Transactions" 2021.

注

1) Eurofound, "Teleworkability and the COVID-19 crisis: a new digital divide?" WPEF20020.
2) EU, "The impact of teleworking and digital work on workers and society" April, 2021. 一般社団法人大都市政策研究機構調査研究レポート（第6回）「日本のコワーキングスペースの拡大」（2022年12月版）参照。
3) InternationalWealth.info "Where Should Digital Nomads Pay Their Taxes?" April 18, 2023.
4) これらの国々では，年収要件や医療保険，社会保険の加入義務などが課せられる点では共通している一方，在留できる期間には幅がある。
5) これらの国々では，デジタルノマドビザはないものの，就労ビザ等によって，リモートワークができる。
6) 詳しくは，島田征夫『国際法（全訂補正版）』弘文堂（2011），岩沢雄司『国際法（第2版）』東京大学出版会（2023）参照。
7) split year treatment は本研究では論じない。split year treatment とは，租税条約の短期滞在者免税が適用されない場合，居住国では全世界所得課税した上で，短期滞在国での二重課税分を外国税額控除することになるが，split year treatment を採用することにより，短期滞在国での国外源泉所得を居住地国は課税しなくてよいので，手続きを簡略化できる取扱いである。
8) IFA (Luc de Broe), "General Report : The tax treatment of transfer in residence by individuals" Cahiers 87b, 2002.
9) 「外国為替法令の解釈及び運用について」昭和55年11月29日付蔵国第4672号。令和2年10月20日一部改正。
10) IFA (Stéphanie AUFERIL), "Taxation of families; mobility of individuals" 2022.
11) 詳しくは，本庄資他『国際租税法―概論―第4版』大蔵財務協会（2018），12頁，354-358頁を参照されたい。
12) ノマドワーク，リモートワークは，stateless income の性質を有しているのか否か。今後の課題と考えられる。詳しくは，米国上院 PSC（Carl Levin 小委員長）は代表的な多国籍企業（Microsoft & Hewlett-Packard と Apple Inc.）のオフショア・タックス・スキームの実態を "Offshore Profit Shifting and the U.S. Tax Code" の公聴会（2012年9月20日，2013年5月21日）参照。stateless income は，ダブル・アイリッシュ＆ダッチ・サンドイッチ・スキームの内容であり，世界規模で十分に検討され，OECD/G20BEPSプロジェクトまで発展していった経緯がある。
13) 詳しくは，納税協会連合会編『令和5年版　租税条約関係法規集』清文社（2023）参照。
14) 本研究では，紙面上のため論ずることができないため，本内容は今後の課題とする。詳しくは，本庄資『新日米租税条約解釈研究』税務経理協会（2005）参照。
15) 本来であれば，無形資産の開発（Development），改良（Enhancement），維持

(Maintenance)，保護（Protection），活用（Exploitation）という DEMPE 機能や，最終的には，事業再編も論点としてある旨を指摘する。ノマドワーク・リモートワークにおける DEMPE 機能や事業再編については今後の課題となる。

16） OECD, "Tax Policy Reforms 2022" 21 Sep 2022. において分析レポートは公表されている。OECD, "Should OECD countries develop new Digital Nomad Visas?" Migration Policy Debates and Data Briefs, July 2022. も参考されたい。

17） 国連においても，議論はされている。Office of Tax Simplification, "UN Model Double Taxation Convention between Developed and Developing Countries" (2021). 参照。

18） 「国内において継続して１年以上居住するものと推測するに足りる事実」(所令14①二)，帰国時点が認められない限り引き続き非居住者となり，日本の滞在場所は居所となる。居住者とは，「国内に住所を有し，又は現在まで引き続いて１年以上居所を有する個人」をいう（所法２①三）。１年カウントの起算日は入国日の翌日で判定する（所基通２－４）。

19） 東京地方裁判所 2021 年 11 月 25 日（令和元年（行ウ）第 566 号），東京地方裁判所 2023 年 04 月 12 日（令和元年（行ウ）第 400 号）。

20） 厚生労働省「社会保障協定」を参照されたい。

21） 米国での先行研究は多くあったが，民主党・共和党，州，市民団体等とポジションによって見解が大きく分かれた。米国のノマドワーク・テレワークについては今後の課題となる。

22） OECD, "Updated guidance on tax treaties and the impact of the COVID-19 pandemic" January 2021

23） COMMUNICATION FROM THE COMMISSION TO THE COUNCIL, THE EUROPEAN PARLIAMENT AND THE EUROPEAN ECONOMIC AND SOCIAL COMMITTEE "Removing cross-border tax obstacles for EU citizens" COM/2010/0769 final（52010DC0769）

24） U.K. Office of Tax Simplification, "Hybrid and Distance Working Report: Exploring the Tax Implications of Changing Work Practices" 2022.

25） Swedish Tax Agency, "When Does the Work of an Employee at Home Result in a Foreign Company Becoming a Permanent Establishment?" dnr:8-1677220（May 13, 2022）translation by authors.

26） Law 4251/2014 on Sept. 4, 2021, with Law 4825/2021 becoming effective on the same day. ギリシャは，ギリシャ経済危機の影響を受けた移民問題も含めた問題があるため，取扱いに留意する必要がある。

27） U.N Tax Committee, 26th Session of the Committee of Experts on International Cooperation in Tax Matters, CRP.1 Co-Coordinator report on Taxation of the Digitalized Economy (Oct. 2, 2023). Annex E of the U.N. Report has endeavored to describe the broad spectrum of factual situations for remote workers and the corresponding tax consequences.

28） Annex E of the U.N Tax Committee, 26th Session of the Committee of Experts on International Cooperation in Tax Matters, CRP.1 Co-Coordinator report on Taxation of the Digitalized Economy (2023). Annex E of the U.N. Report has endeavored to describe the broad spectrum of factual situations for remote workers and the corresponding tax consequences.

2 ギグワーカーと所得課税・消費課税

本 村 大 輔
(環太平洋大学経済経営学部講師)

I はじめに

　昨今，ギグワーカーやフリーランスは，インターネット上のプラットフォームの発展・普及や人手不足，多様化する働き方を背景に注目されている。働き手からすれば個々人のニーズに合わせて自由な働き方ができる一方で，雇い主からすれば労働基準法や社会保険を気にしなくてよい，安価で融通の利く労働力になっているという指摘もあるが，多くの課題も残されている[1]。その中で，ギグワーカーやフリーランスに関する課税上の課題は多く，とりわけ所得課税と消費課税の面から検証することができる。まず，所得課税面については，2022（令和4）年，所得税基本通達35-2が改正され，業務の係る雑所得区分が明確化されたことである。そして，この所得税基本通達の改正については，とりわけギグワーカーにとっては影響が大きい改正といえる。また，当該改正への関心の高さは，2022年8月1日付け「『所得税基本通達の制定について』（法令解釈通達）の一部改正（案）（雑所得の例示等）」に対して寄せられた約7000件近くのパブリックコメントの数からも明らかといえよう。そして，パブコメ案を受けて一部修正された所得税基本通達の改正が公表され，同時に国税庁から解説が出された[2]。この改正で，業務に係る雑所得については，①「発生主義」に代えて「現金主義」による所得計算を可能する道を拓き，②帳簿の保存を義務づけ，③収入金額が1,000万円以上の場合は，収支内訳書の添付などを要件とされている（所得税法120条6項，所得税法施行規則47条の3／102条など）。これは，所得課税に加え，インボイス制度【適格請求書等保存方式】の消費税（インボイス＋帳簿の保存）とのリンケージも視野に入れた対応であると考えら

25

れる。これは，単に簡易な帳簿づけで税務の素人である納税者の便宜に応えようとしただけとはいえず，通達課税のあり方についても問われることになると考えられる。一方，消費税のインボイス制度への転換は，零細の免税事業者の益税対策が目的であると考えられるが，零細事業者であるギグワーカーを狙い撃ちした増税につながる恐れがあると考えられる。

そこで，本稿においては，ギグワーカーの課税問題について，業務に係る雑所得区分と消費税のインボイス制度とのリンケージにおいて，実定税法に傾斜する形で分析・検討を試みるものである。

Ⅱ　ギグワーカーの雇用実態と課題

1　我が国におけるギグワーカーの雇用実態と課題

ギグワーカーとは，デジタルプラットフォーム企業を介してその都度単発又は短期の仕事を受注するという働き方する人をいう。具体的には，デジタルプラットフォーム企業のアプリを利用して，スマートフォンやタブレットのようなモバイル端末を通じて，ユーザーからスキルや労務サービスの注文を受け，当該スキルあるいは労務サービスの提供を行う人である。そして，ギグワーカーは，一見，雇用主のいる被用者／従業者のようにみえるが，現行法制上は，一般には独立した事業者としての取扱いを受けている。いわば「雇用類似の働き方をする事業者／事業主」「一人親方」のような存在といえるのである。一方，フリーランスの場合は，「事業者／事業主」にあたり働き方の裁量と経済的自立性を前提としたリスクを負う責任をもった自律的な働き方をする存在とされる。このように多様化する働き方の中で，ギグワーカーは労働人口の減少やコロナ禍も相まって注目を集めているが，雇用実態については課題も多い。具体的には，労働者側では毎日仕事を探し，毎日違う現場で働き，ひと月の収入は「ぎりぎり生活できる」程度と厳しい実態にある一方で，企業側ではギグワーカーをやりくりすることで人件費を削減できるという点に利点があり，ギグワーカーへの仕事の発注が増加している状況にあるとの報道もある。そして，ひとくちにギグワークといっても，副業でやっているケースと，本業でやっているケースがある。たとえば，副業のケースでは，本業の勤務先が休業や短縮勤

務となり，デジタルプラットフォーム企業のアプリを使ってできる副業は収入減を補う手段となりうる。つまり，このケースでは，本業の雇用が継続できれば，原則として最低賃金や労災保険，健康保険，雇用保険，残業代，有給休暇といった基本的な労働保障を享受することができるわけである。これに対して，本業で雇用類似の働き方をするギグワーカーは，従業者と事業者とのはざまに置かれる存在である。本業でこうした働き方をする人たちへの基本的な労働保障は極めて未整備の状態にある[7]。たとえば，アマゾンの配達ドライバーの法定労働時間を超える労働や労災認定の問題はその一端といえる。つまり，上記の問題では，アマゾンの配達ドライバーはギグワーカーとはいえないものの，労働基準法上の法定労働時間を超える労働や労災認定をめぐって，ドライバーの労働者性が争われたのである。具体的には，ネット通販「アマゾン」の荷物の宅配を運送会社から業務委託された個人事業主のドライバーについては，運送会社から指揮命令を受けており，事実上の雇用関係にあるとして，労働基準監督署が運送会社に労働基準法違反で是正勧告がなされた事案がある[8]。他方で，「アマゾン」の配達を行うフリーランスのドライバーが配達中にけがをしたことについて，労働基準監督署から労災として認定されたことが報道されたのは記憶に新しいところである[9]。このような流れを受けて，厚生労働省では，フリーランスで働く人が仕事又は通勤によって被った災害によってけがをした場合に補償を受けることができる労災保険の特別加入制度について，対象業種の拡大に向けて議論がなされていたところ，令和6年11月からフリーランスであっても労災保険に特別加入できることとなり，この点については対応が図られているが[10]，依然として偽装フリーランスの問題なども残されている[11]。

2　各国におけるギグワーカーの労働保障の動向

先に検討したギグワーカーやフリーランスの問題は，我が国のみの問題ではなく諸外国でも同様の問題が生じている。しかし，我が国に比べれば早い段階からギグワーカーの労働者性については議論がされており，ギグワーカーの労働者性を認める判断が下されている。つまり，イギリスの最高裁判所は，ウーバー社のスマホアプリを使ったライドシェアリング（自家用車の相乗り）サービ

スの運転者は，請負契約に基づく一人親方ではなく，雇用契約に基づくウーバー社の従業者であるとしている[12]。つまり，英最高裁は，自分たちはあくまでも仲介者だとするウーバー側の訴えを判事全員の一致で棄却しており，運転手は乗客を乗せている間だけでなく，アプリにログインしている間は勤務中とみなされるべきだと結論付けている。そして，運転手がウーバーに対して従属的立場にあったとした理由には，①ウーバーが運賃を決め，運転手が稼げる金額を設定していること，②ウーバーが契約条件を設定し，運転手側に発言権がないこと，③乗車リクエストはウーバーに制約されていること，④ウーバーは運転手があまりにも多く乗車拒否した場合にペナルティを課すことができること，⑤ウーバーは5つ星評価を通して運転手のサービスを監視し，警告を繰り返しても改善されない場合は契約を終了する権限をもっていることがあげられる。このようにして，ウーバー社のデジタルフラットフォームやアプリを介して雇用類似の働き方をする運転者は，従業者としてのあらゆる保障，最低賃金，労災保険，健康保険，残業代，有給休暇などを保障されるに至っている。

　他方，アメリカにおける雇用類似の働き方をしているサービス提供者の暮らしや健康を護るため最低賃金，労災保険，健康保険，残業代，有給休暇等の適用対象となる給与所得者にあたるのではないかとの議論がある。アメリカでは，当初，雇用類似の働き方をしているサービス提供者をそれ自体として保護する議論が行われていたが，現在では，公正労働基準法（FLSA）による「誤分類（misclassification）の修正」により対処する傾向にあるという[13]。ここにいう「誤分類の修正」とは，本来は被用者に分類されるべきであるのに，雇い主が経費削減を目的として個人請負労働者に分類する者を，被用者の分類に戻させることをいい，これにより健康保険，失業保険，最低賃金，超過勤務手当等が受けられることになる[14]。このような中アメリカでは，雇用類似の働き方をしているサービス提供者の処遇に注目が集まり，州の雇用保険不服審査機関や裁判で争われ，カリフォルニア州ではサービス提供者を被用者とみなすカリフォルニア州ギグワーカー保護法（California gig worker protections bill）と呼ばれる新法（AB5）の制定に至っている[15]。

3 ギグワーカーの課税取扱い

　就労仲介型デジタルプラットフォームを運営するウーバー社の料理デリバリーサービス（Uber Eats）を例にすると，ギグワーカーの配達員は，雇用契約に基づいて事業者に労働を提供して賃金をもらう存在ではなく，請負契約に基づく個人事業者として扱われている。このため，課税上，配達員は個人事業主であるのか，あるいはウーバー社の被用者であるのかが問題となる。この問題は，申告義務はもとよりギグワーカーの収入に係る所得分類に関わってくる問題といえる。この点に関して，国税庁はシェアリングエコノミー等の新分野の経済活動に対して適正申告のための環境作りとともに，情報収集の拡充を図る方針を出している。つまり，国税庁は，課税上の問題があると見込まれる納税者を的確に把握し，適正な課税の確保に向けて①適正申告のための環境作り，②行政指導の実施，③厳正な調査の実施を行うこととしている[16]。上記の方針にもみられるとおり，国税庁は，動画配信，暗号資産（仮想通貨）取引，インターネット上のプラットフォーマーを介した売買，インターネット広告（アフィリエイト等）により多額の利益を得ているにもかかわらず，申告がなされていない事例や，国外からのデジタルコンテンツ配信等の役務提供に係る消費税（いわゆるクロスボーダー消費税）を申告していない事例を問題視している[17]。ただし，所得の適正な納税申告ができていない背景には，確定申告時における所得区分の判定が困難であることをその要因としてあげることができる。これに対して，国税庁は，先の方針のもと「業務に係る雑所得」というカテゴリーの創設を行い，事業類似の所得の捕捉に乗り出している。

Ⅲ　ギグワーカーと所得課税

　ここからはギグワーカーに対する所得課税について事業類似の所得に対する補足手段をはじめギグワーカーに関わる規定や通達などを点検していくつかの疑問を呈していきたい。まず，事業類似の所得としては，①余暇を利用して作成したものをアプリ販売して得た収入，②アフィリエイトで得た広告収入，③休日にウーバーイーツで稼いだ収入などがあげられるが，現行法上どのような補足手段があるのか以下に確認をしていく。

1 事業類似の所得に対する補足手段

　事業類似の所得に対する補足手段は，副業（業務）に係る所得の金額によって異なってくる。つまり，①副業（業務）収入が300万円超の場合は，帳簿（現金主義も可）の作成及び保存，請求書やレシートなどの保存（所税法232条2項，所規102条7項）が求められ，②副業（業務）収入が1,000万円超の場合は，帳簿の作成・帳簿書類の保存，収支内訳書の作成・添付（所税法120条6項，所規47条の3）が求められるのである。このことから，副業を行う者にとっては，300万円超あるいは1000万円超という金額が一つの基準となるのである。それでは，事業類似の所得を検討する前提として，そもそも事業所得とはなにかという点を以下に確認しておきたい。つまり，「事業所得とは，農業，漁業，製造業，卸売業，小売業，サービス業その他の事業で政令で定めるものから生ずる所得（中略）をいう」（所税法27条1項）とされている。また，「その他の事業で政令で定めるもの」については，不動産の貸付業又は船舶若しくは航空機の貸付業に該当するものを除いた，①農業，②林業及び狩猟業，③漁業及び水産養殖業，④鉱業（土石採取業を含む。），⑤建設業，⑥製造業，⑦卸売業及び小売業（飲食店業及び料理店業を含む。），⑧金融業及び保険業，⑨不動産業，運輸通信業（倉庫業を含む。），⑩医療保健業，⑪著述業その他のサービス業，⑫ここに掲げられるもののほか，対価を得て継続的に行う事業として，その範囲について定めが置かれている（所税令63条）。そして，事業の意義については，「自己の計算と危険において営利を目的とし対価を得て継続的に行う経済活動」[18]とされている。つまり，事業類似の所得とは，先に指摘した経済活動に類似する活動から得られる所得ということになり，その判断については後述するとおり極めて不明確なものとなっている。それにも関わらず，国税庁は，なかば強引に「新分野の経済活動」に対する税の捕捉の強化に舵をきっている状況にある。このことは，権利確定主義のルールが支配し，権利確定した段階で処理することが原則であるにも関わらず，雑所得を生ずべき小規模な業務を行う者で一定の要件を満たす場合は，収入及び費用の帰属時期の特例（現金主義の特例）（所税法67条2項）が適用されることからもみてとれるのである。

2 通達改正に至る経緯とその他の雑所得

　これまで所得税法35条において規定される雑所得については，所得税基本通達によってその例が示されていたが，国税庁は，2022年10月7日，業務に係る雑所得に該当する所得を例示するとともに，事業所得と認められるかどうかの判定についての考え方を明らかにすべく「『所得税基本通達の制定について』の一部改正について（法令解釈通達）」を発した。なお，本通達改正に至る経緯を概観すると以下のとおりである。すなわち，①「『所得税基本通達の制定について』（法令解釈通達）の一部改正（案）（雑所得の例示等）」の公表，②所得税基本通達35-2の改正（原）案に対する意見公募（パブリックコメントの実施（2022年8月1日から8月31日まで）），③2022年10月7日，改正所得税基本通達35-2の発出，④これに合わせて「雑所得の範囲の取扱いに関する所得税基本通達の解説」が発出されている。今回の通達改正と意見公募の意図は，シェアリングエコノミー等の副業あるいは兼業に係る収入や所得への課税や申告の強化がねらいである。他方で，意見公募手続には7,059の意見が寄せられたことからも関心の高さと影響の大きさが伺い知れるところである。そこで，今回の通達改正の前提である新たな雑所得の区分について確認しておくこことする。つまり，従来の雑所得は①公的年金等の雑所得と②その他の雑所得とに区分されていたところ，新たな雑所得の種類は①及び②に加えて，「業務に係る雑所得」（総合課税）とに区分されることとなった。たとえば，「業務に係る雑所得」は原稿料，講演料，アフィリエイト収入その他ネットを使った個人取引又はギグワーカー／フリーランスなどによる副収入による所得などがあげられる。そして，従来は公的年金等とその他の雑所得とに分けられていたが，その他の雑所得については，利子所得から公的年金等までのいずれにもあたらない所得で，他の種類の所得のように統一的なメルクマールがなく，積極的に定義することは不可能であるとされる。このような意味でその他の所得と雑所得が重なる部分もあるため，その境界線をめぐっては争いが絶えない状況にある。一方で，雑所得とは，「いずれにも属さない種々の所得の寄せ集め」と評され，「このような包括的な所得概念が意味をもつのは『所得』概念自体が明確にされている場合であり，『所得』の外延が不明確なままで『その他の所得』と規定

されてもその範囲は不明確であり，その意味で租税法律主義の要請に反している疑いがある」[22]という指摘もある。そして，雑所得それ自体の範囲が不明確であるまま出されたのが今回の通達改正ということになる。

3 300万円という形式基準

　ここでは300万円という形式基準を検討するため，所得税法上の小規模事業者等の収入及び費用の帰属時期について点検をしていく。所得税法67条2項によれば，雑所得を生ずべき業務を行う居住者のうち小規模な業務を行う者として政令で定める要件に該当するもののその年分の当該雑所得を生ずべき業務に係る雑所得の金額（山林の伐採又は譲渡に係るものを除く。）の計算上総収入金額及び必要経費に算入すべき金額は，政令で定めるところにより，その業務につきその年において収入した金額及び支出した費用の額とすることができるとされている。また，雑所得を生ずべき小規模な業務を行う者の要件については，その年の前々年分の雑所得を生ずべき業務に係る収入金額が300万円以下であることとされている（所税令196条の2）。この規定によれば，小規模事業者にあたるか否かの基準として，300万円という形式的な基準が用いられているわけである[23]。このような規定を受けてか，上記雑所得に関する税務通達においても300万円という形式基準が用いられている。しかし，300万円という形式基準に従い「事業所得」ではなく，形式的に「雑所得」と判断されると，様々な税制上の特典を否定することにつながる恐れがある。そして，そもそも事業と非事業は，事業規模だけで判断できるのかという疑問がわくところである。

4 「記帳・書類の保存」基準のねらい

　2020年度税制改正による「雑所得を生ずべき業務」に対する現金主義による所得計算の特例では，前々年の副業・兼業の収入が300万円以下の場合，現金の動きに基づいた経理方法である現金主義をとることができる（ただし，届出が必要）こととされた。そして，前々年の副業・兼業の収入が300万円を超える場合，5年間の領収書等の保存義務がある。一方で，前々年の副業・兼業の収入が1,000万円を超える場合，確定申告と一緒に収支内訳書を提出する義務

がある。また，雑所得の例示等に係る改正通達の注書きには，「事業所得と認められるかどうかは，その所得を得るための活動が，社会通念上事業と称するに至る程度で行っているかどうかで判定する。なお，その所得に係る取引を記録した帳簿書類の保存がない場合（その所得に係る収入金額が 300 万円を超え，かつ，事業所得と認められる事実がある場合を除く。）には，業務に係る雑所得（資産（山林を除く。）の譲渡から生ずる所得については，譲渡所得又はその他雑所得）に該当することに留意する」(24)とある。このような注書きが付された背景には，消費税がこれまでの帳簿方式から，インボイス方式【適格請求書等保存方式】（インボイス＋帳簿の保存）への転換との連結性も視野に入れた対応ではないかと推察される。そして，納税者に消費税の課税選択を奨励し，所得把握の精度を高め，所得税のみならず消費税も含めて課税しようとするねらいがあるのではないかと考えられる。

5 通達改正案に寄せられたパブリックコメント（意見公募）の結果

　国税庁は，2022 年 10 月 7 日，上記通達改正案に対する意見公募の結果(25)を公表した。一般に，パブリックコメント（意見公募）は，規制の設定又は改廃等にあたり，政省令等の案を公表し，この案に対して広く国民から意見や情報を募集した上，これらの意見や情報を考慮して意思決定を行う手続とされる(26)。そして，意見公募の結果については，区分ごとに分けられた国民から意見に対して国税庁が考え方を示す形で示されている。たとえば，通達改正の趣旨等に区分された意見は，①今回の通達改正が副業を阻害する要因にはなっている恐れがあること，②事業所得と雑所得の区分は，過去の判例により示されてきた判断基準とその実態をみて判断すべきであり，形式的な基準を設けるべきではないこと，そして，③今回の通達の改正が結果として税負担の増加につながるのではないかというものであった。これに対して，国税庁は，①シェアリングエコノミー等の「新分野の経済活動」について，適正申告のための環境作りに努めており，今回の所得税基本通達の改正もその一環であり，②今回の通達改正により，所得区分の判定が明確化され，申告しやすい環境が整備されることから，副業を推進する政府の方針に逆行するものではなく，③今回の通達改正では，

「その所得を得るための活動が，社会通念上事業と称するに至る程度で行っているかどうかにより判定する」ことを原則としつつ，社会通念での判定で事業所得に該当しない場合を明らかにしたものであると回答している。しかしながら，今回の意見公募手続は，国民の意見や情報がどの程度まで改正内容に考慮されているのか定かではなく，通達の制定過程には疑問がわくところである。

6 税額の計算上の取扱いと改正通達注書きの解釈

業務に係る雑所得と事業所得の区分は，税額計算上の取扱いに差異がある。たとえば，事業所得に区分された場合には，「青色事業専従者給与の必要経費算入」や「損失が生じた場合の給与所得等との損益通算」，「純損失の繰越控除」の適用があるが，業務に係る雑所得に区分された場合には，上記の適用がなく結果として税負担が増加する。このため，納税者（ギグワーカー）にとっては，業務に係る雑所得と事業所得の区分が極めて重要となってくるのである。改正通達の（注）の前段では「事業所得と認められるかどうかは，その所得を得るための活動が，社会通念上事業と称するに至る程度で行っているかどうかで判定する」とされている。これについて，国税庁は「雑所得の範囲の取扱いに関する所得税基本通達の解説[27]」において，社会通念による判定について，①「自己の計算と危険において独立して営まれ，営利性，有償性を有し，かつ反復継続して遂行する意思と社会的地位とが客観的に認められる業務から生ずる所得[28]」にあたるか，②事業にあたるかどうかの判定については，「営利性・有償性の有無，継続性・反復性の有無，自己の危険と計算における企画遂行性の有無，その取引に費した精神的あるいは肉体的労力の程度，人的・物的設備の有無，その取引の目的，その者の職歴・社会的地位・生活状況などの諸点が検討されるべき[29]」としている。そして，改正通達の（注）の後段では「なお，その所得に係る取引を記録した帳簿書類の保存がない場合（その所得に係る収入金額が300万円を超え，かつ，事業所得と認められる事実がある場合を除く。）には，業務に係る雑所得（資産（山林を除く。）の譲渡から生ずる所得については，譲渡所得又はその他雑所得）に該当することに留意する」とされている。これについて，国税庁は，事業所得と業務に係る雑所得の区分は，上記の判例に基づき，社会

通念で判定することを原則としつつ，その所得に係る取引を帳簿書類に記録し，かつ，記録した帳簿書類を保存している場合には，その所得を得る活動について，一般的に，営利性，継続性，企画遂行性を有し，社会通念での判定において，事業所得に区分される場合が多いとしている。そして，その所得に係る取引を帳簿に記録していない場合や記録していても保存していない場合には，一般的に，営利性，継続性，企画遂行性を有しているとは認め難く，また，事業所得者に義務づけられた記帳や帳簿書類の保存が行われていない点を考慮すると，社会通念での判定において，原則として，事業所得に区分されないものとしている。このようにして，国税庁は，事業所得と業務に係る雑所得の区分について，原則として上記判例に基づき判断するとしつつも，判例において示された判断要素の一部を帳簿書類の記録と保存に結び付けて判断をしようとする向きがある。また，300万円の形式基準は要件とはなっていないものの，改正通達の「収入金額300万円」については，納税者の予測可能性にどのような影響を及ぼすのかが問題といえよう。つまり，「収入金額300万円」については，先に検討した2020年度の改正内容を踏まえたものとはいえ，通達やその解説によって「収入金額300万円」が要件のように読まれる可能性もある。このように考えてくれば，今回の改正通達は，事業所得と業務に係る雑所得の区分をかえって不明確にして，結果として政府が推進する副業・兼業を断念するのではないかという疑問すら出てくる[30]。換言すれば，帳簿書類等の作成・保存ができないあるいは困難な者の兼業・副業の途を閉ざすことにつながるのではないか，ひいては生存権への侵害につながるのではないかとの疑問さえわいてくる。さらには，税務通達における判定基準策定への疑問がないわけでもない。すなわち，法源性（法的拘束力）を有しないはずの税務通達においてコンプライアンス（受忍義務）が伴う判定基準を策定ないし強化する姿勢は，憲法に定める租税法律主義から派生する課税要件法定主義や課税要件明確主義に著しく抵触する危険性すらあると考えられる。

Ⅳ　ギグワーカーと消費課税

1　ギグワーカーに対するインボイス制度[31]（適格請求書等保存方式）の影響

　2023年10月1日，消費税のインボイス制度（適格請求書等保存方式）開始がされたが，周知のとおり同制度については仕入税額控除などの問題をはじめ，様々な問題提起がなされているところであった[32]。また，このような中，シェアリングビジネスの特徴と現状から消費課税のあり方をめぐる問題なども議論されている[33]。しかしながら，このような疑問や批判を押し切る形でインボイス制度は導入されたわけであるが，中小零細企業はおろか雇用類似の働き方をするギグワーカーへ多大な影響を及ぼすは想像に難くないところである。つまり，消費税の導入以来「インボイスなき消費税」が既成事実化している状況で，事業規模が小さく，税務処理に不安のある事業者にとって，インボイスは大きな脅威となることが指摘されている[34]。また，これまで消費税を意識してこなかったフリーランス（フリーアナウンサーや下請けアニメーターなど）や個人事業者（一人親方など）にとっては，消費税の知識が十分ではなく，取引先からインボイス発行事業者になることを求められる状況に直面しているとも指摘される[35]。政府が推奨する新しい働き方の推進を阻害する制度となる可能性があること，雇用類似の働き方をするギグワーカーは，本業の傍ら副業により生計を立てていた者も少なくないため，同制度に係る手間や負担が重くのしかかることになる可能性がある。

2　インボイス制度の激変緩和措置

　先のように反対や多くの疑問を残したまま制度化されたインボイス制度であるが，納税義務が免除される小規模事業者をインボイス発行事業者へ誘導するためいわゆる「2割特例」という時限制度が導入されている[36]。つまり，同制度は，免税事業者からの仕入れに係る経過措置として，2割特例（令和5年10月1日～令和8年9月30日までの3年間），その後の3年間は5割特例（令和8年10月1日～令和11年9月30日までの3年間）（平成28年改正法附則52, 53）とするものである。同制度の適用にあたっては，①事前申請不要であるが，②免税

事業者が登録事業者選択をしている場合に限り適用されることとなっている。また，次の要件を満たす中小零細事業者は，一定期間，1万円未満の課税仕入れではインボイスの保存が不要となる。要件は，①2年前の課税売上が1億円以下，②1年前の上半期の課税売上が5,000万円以下であり，適用期間は，2023年10月1日〜2029年9月30日まで6年間である。さらに，インボイスの仕組みでは，取引する商品でリベート・値引き・返品が発生した場合は，「返還インボイス」を発行することになるが，返還インボイスでは，通常のインボイスの情報に加えて，事象が発生した日付や返還日などを記載する必要があり，膨大な手間と処理を要するため，商品が1万円未満の場合，返還インボイスの発行は不要とする措置がとられた。このように納税者にとって一見有利とも思える緩和措置であるが，納税義務が免除される小規模事業者をインボイス発行事業者へ誘導する装置とも捉えられる。つまり，上記緩和措置は，これまでの帳簿方式（請求書等保存方式）を6年間という極めて短い期間でインボイス（適格請求書）制度への転換を図るための装置と解されるのである。さらにいえば，インボイスを保持しない者による仕入税額控除を制限することがねらいとも考えることができる。言い換えれば，アメではなく鞭を使ったインボイス制度の導入と普及である。一方で，法の運用面では，激変緩和措置などによるインボイスを実質的に不要とする特例の効果が，インボイス登録をした者にまでも波及する結果となる。このことによりインボイス制度に備え準備をしてきた消費税の納税義務を負う事業者からすれば，激変緩和措置で振り回される結果となるのである。

V 租税法律主義からみる税務通達

ここからは，今回発せられた雑所得の範囲の取扱いに関する所得税基本通達の位置づけについて租税法律主義の観点から検討を加えていくこととする。国税庁の解説によれば，当該通達改正は，「業務に係る雑所得に該当する所得を例示するとともに，事業所得と認められるかどうかの判定についての考え方を明らかにしたもの[37]」とされている。通達とは，上級行政庁が法令の解釈や行政の運用方針などについて，下級行政庁に対してなす命令や指令であるとされて

いる[38]。そして，納税者にとってもっとも重要といえるものが，法令解釈通達ということはいうまでもないが，法が要求する以上の判断基準や解釈基準を税務通達で発出することは，実質的な行政立法につながり，租税法律主義（租税要件等法定主義や租税要件等明確主義）に反する。つまり，通達は，上級行政庁の下級行政庁への命令であり，行政組織内部では拘束力をもつが，国民に対して拘束力をもつ法規ではなく，裁判所も拘束されないのである[39]。換言すれば，税務通達は，税務行政の分野で重要な役割を有しているものの，通達は行政の内規にすぎず，租税の法源を構成しないのである[40]。すなわち，税務通達は課税の根拠とはなりえないのである。ただし，税務行政の現実において税務通達は法と同様の，ある意味では法以上の重要な行為規範としての機能を有している[41]こともまた事実である。しかし，先のような機能を有してことに鑑みて「通達による行政解釈に名を借りて実質上法令の改正または補充に等しい結果をもたらし，国民の権利義務に重大な影響を及ぼすが如きことは厳にいましめられなければならない[42]」のである。このように考えてくると，業務に係る雑所得と事業所得の区分につき原則として判例で示された社会通念で判定するといいつつも，判断要素の一部である「営利性，継続性，企画遂行性」を帳簿書類の記録と保存に結び付け，その所得を得るための活動が収入金額 300 万円超えるか否かという要素を付加して判断を行おうしていること自体，「実質上法令の改正または補充に等しい結果をもたらし，国民の権利義務に重大な影響を及ぼ」しているのではないだろうか。また，今回の改正通達では，意見公募が行われたもののその結果がどのような経緯をたどり改正内容に反映されたかあるいは反映されなかったのかについては未だ判然としない。そこで，通達の制定過程に対するさらなる民主的コントローリングが必要となると考えられる。換言すれば，立法過程に準ずる「適正手続」の要請を満たす制定過程が求められると解される。つまり，税務通達とりわけ「重要通達案は，第三者的審議会において審議し，その制定過程を公開する[43]」ことが求められるのではないだろうか。

　むすびにかえて

　これまでの点検と検討によれば，所得税基本通達 35-2 の改正は，一見簡易

な帳簿づけの道を拓くかのように見せているが，生活のため労働（時間）を切り売りしているギグワーカーにとっては過大な事務負担を強いられることとなり，生存権を侵害する恐れすらある。また，インボイスを保持しない者による仕入税額控除を制限してしまえば，ギグワーカーは取引から排除される可能性すらある。そして，なにより今般の税務通達による判断基準や解釈基準自体が租税法律主義の観点から問い直されなければならないといえる。

注

1) フリーランス協会「フリーランス・ギグワーカーの労働者性に係る現状と課題」(https://www8.cao.go.jp/kisei-kaikaku/kisei/meeting/wg/2310_03human/240312/human02.pdf〔最終閲覧日 2024 年 5 月 31 日〕) 参照。
2) 国税庁「『所得税基本通達の制定について』の一部改正について（法令解釈通達）」(https://www.nta.go.jp/law/tsutatsu/kihon/shotoku/kaisei/221007/index.htm〔最終閲覧日 2024 年 5 月 31 日〕) 参照。
3) デジタルプラットフォーマーの影響力については，総務省 HP『情報通信白書　令和 5 年版』5 頁 (https://www.soumu.go.jp/johotsusintokei/whitepaper/ja/r05/pdf/00zentai.pdf〔最終閲覧日 2024 年 5 月 31 日〕) 参照。
4) フリーランス協会，前掲 1 参照。
5) NHKHP「WEB 特集　5 倍に急増　ギグワーカーの実態は…」(https://www3.nhk.or.jp/news/html/20210528/k10013051781000.html〔最終閲覧日 2024 年 5 月 31 日〕) 参照。
6) 副業経験者と副業意向者の増加の背景に IT プラットフォームの存在があるとしたものに，渡辺徹也「デジタル社会における副業および就業形態の変化と所得課税—ギグワーカー，テレワーク，ジョブ型雇用—」税事例 192 号 30 頁 (2023) がある。なお，ここでは副業経験者の 1 ヶ月当たりの収入額のほかに「副業をしていて大変なこと」の 1 位は，「確定申告などの行政手続き・計算」で，「過重労働」を上回っているとの指摘がある。
7) フリーランス協会，前掲 1 では，フリーランスやギグワーカーに労働者性がない場合においても健康保険，年金保険，雇用保険などによる保護の在り方が検討されている。
8) 読売新聞 HP「アマゾン宅配委託された『個人ドライバー』，運送会社と『事実上の雇用関係』…異例の是正勧告」(https://www.yomiuri.co.jp/national/20220528-OYT1T50206/〔最終閲覧日 2024 年 5 月 31 日〕) 参照。
9) NHKHP「『アマゾン』配達中にけが　ドライバー労災認定　全国初か」(https://www3.nhk.or.jp/news/html/20231004/k10014215281000.html〔最終閲覧日 2024 年 5 月 31 日〕) 参照。
10) 厚生労働省 HP (https://www.mhlw.go.jp/stf/seisakunitsuite/bunya/koyou_roudou/roudoukijun/rousai/kanyu_r3.4.1_00010.html〔最終閲覧日 2024 年 5 月 31 日〕) 参照。
11) フリーランス協会，前掲 1 参照。
12) Uber BV and others (Appellants) v. Aslam and others (Respondents) 19 Feb. 2021

[2021] UKSC 5 UKSC　2019/0029.
13)　中川かおり「ギグワーカーに関する連邦規則の撤回」ジュリ1560号68頁（2021）。
14)　中川，前掲13，68頁。
15)　石村耕治・菊池純「アメリカのシェアリングエコノミー課税論議～問われる『オンデマンド労働プラットフォーム』の所在」国民税制研究5号141-144頁（2019）参照。
16)　国税庁HP「シェアリングエコノミー等新分野の経済活動への的確な対応」（https://www.nta.go.jp/information/release/kokuzeicho/2019/sharingueconomy_taio/index.htm〔最終閲覧日2024年5月31日〕）。
17)　同上。
18)　最判昭和56・4・24民集35-3-672。
19)　国税庁，前掲2参照。
20)　金子宏『租税法』（弘文堂，第24版，2021年）308頁。
21)　北野弘久『現代税法講義』（法律文化社，5訂版，2009年）60頁。
22)　北野，前掲21，60頁。
23)　所得税法は，雑所得のほかにも不動産所得及び事業所得の金額を現金主義によって計算することが認められており，300万円という形式基準は，所得税法施行令195条1号「その年の前々年分の不動産所得の金額及び事業所得の金額（中略）の合計額が300万円以下であること」という規定にもみることができる。
24)　国税庁，前掲2参照。
25)　国税庁「『所得税基本通達の制定について』（法令解釈通達）の一部改正（案）（雑所得の例示等）に対する意見公募の結果について」（https://public-comment.e-gov.go.jp/servlet/PcmFileDownload?seqNo=0000242043〔最終閲覧日2024年5月31日〕）参照。
26)　行手法39条1項，42条参照。
27)　国税庁，前掲2参照。
28)　前掲18参照。
29)　東京地判昭和48・7・18税資70-637。
30)　渡辺，前掲6，30頁では，「副業をしていて大変なこと」の1位は，「確定申告などの行政手続き・計算」であるとの指摘がある。
31)　国税庁HP「インボイス制度の概要」（https://www.nta.go.jp/taxes/shiraberu/zeimokubetsu/shohi/keigenzeiritsu/invoice_about.htm〔最終閲覧日2024年5月31日〕）。
32)　田中治「インボイス方式の導入に伴う法的課題」税研197号47頁（2018）以下では，インボイス方式の制度化に対して，帳簿方式またはインボイス方式のいずれであれ，仕入税額の存在を適正に証明するための手段であるにすぎないと考えられるところ，「現行の仕組みを改めて，当然にインボイス方式を導入しなければならない合理的な理由や背景が具体的に示されているようには思えない」として反対の立場がとられていた。
33)　西山由美「デジタル経済と消費課税―シェアリングエコノミーを中心として―」租研875号274頁（2022）以下参照。
34)　西山由美「インボイス制度の実施とその将来像」ジュリ1588号14頁（2023）。
35)　同上。
36)　同上，15頁。

37) 国税庁,前掲2参照。
38) 金子,前掲20,115頁。
39) 同上,116頁。
40) 北野弘久・黒川功『税法学原論』(勁草書房,第9版,2022年)162頁。
41) 同上,164頁。税務通達の性格について言及するものとして,福岡地判昭和32・2・4税資39-219がある。
42) 東京高判昭和41・4・28判タ194-148。
43) 北野・黒川,前掲40,171頁。

3 副業・兼業収入に係る会計処理について

武 田 浩 明
(旭川市立大学准教授・税理士)

I はじめに

　平成30年1月に「副業・兼業の促進に関するガイドライン」が策定され，令和2年9月と令和4年7月に改訂され，ガイドラインの趣旨として「本ガイドラインは，副業・兼業を希望する者が年々増加傾向にある中，安心して副業・兼業に取り組むことができるよう，副業・兼業の場合における労働時間管理や健康管理等について示したものである」としている[1]。
　国の後押しがある中，副業・兼業のある者の数は増えているが，それに伴い納税者の所得区分の判断や会計処理の問題も出てきている[2]。
　所得税法では，本業や副業で得た所得を10種類に分類し，経費計上が認められるのは，雑所得・事業所得・不動産所得としている。副業・兼業で得た所得が給与所得に該当する場合には，経費計上ができない代わりに給与所得控除が適用される[3]。
　我が国のギグワークは諸外国におけるギグワークとは異なり，スキルを活かした労働ではなく，物価高騰等により所得を補填する目的で行われる場合が多くみられ，隙間時間を活用したアルバイトの要領で行われるものが大半を占めているように思われる。それゆえにギグワークにおける収入の判断が困難になっているのであろう。
　具体的には，副業・兼業を有する小規模事業者が支払いを受けた金額について，支払いをする者と受領する者との間で給与所得になるのか若しくは事業所得ないし雑所得としての支払いであるのかの認識が一致しているか否かの問題でもある。事業者から支払いを受けた金額が給与所得になるか否かについては，

双方の共通認識として理解すればよいが，事業所得ないし雑所得に該当するかについては，副業・兼業を有する小規模事業者の判断となる。

本来所得区分については，所得の性質に基づいて判断すべき問題であるにもかかわらず，金額の多寡により所得区分を判断する傾向があることを思料する[4]。

また，帳簿書類の保存義務の履行の有無により，所得区分を判断することが適正な納税を実現させるか否かについての問題もある。

現行法の所得税法と消費税法において納税義務の取扱いに差異があるため，副業・兼業を有する小規模事業者にとっては確定申告等の取扱いが複雑化しているといわざるを得ない。

法人税法・所得税法・消費税法における帳簿書類の記載事項や取扱いに差異があることにより，帳簿書類の記載及び保存について，副業・兼業を有する小規模事業者にとっては，過度な負担が強いられているといえよう。

II　副業・兼業における所得区分

1　所得区分について

所得税法は，所得を源泉や性質に応じ10種類に分類している。所得を分類する意義については所得の源泉ないし性質により，「所得はその性質や発生の態様によって担税力が異なるという前提に立って，公平負担の観点から，各種所得について，それぞれの担税力の相違に応じた計算方法を定め，また，それぞれの態様に応じた課税方法を定めるためである[5]。」としている。つまりは，金額の多寡により所得区分を判断することは想定していない。

副業・兼業に係る所得区分としては，基本的に雑所得に該当するとされている[6]。副業とは本業を有し，かつ本業と同等若しくは予備的に収入を得ることで，兼業とは，本業と同等若しくは本業になり得る収入を得ることである。所得区分がいずれに該当するかについては，基本的には納税者の意思により本業若しくは副業・兼業に係る所得に該当するかを申告することに，申告納税制度の意義があるといえよう。

さらには，事業所得と雑所得の判断基準について，所得税基本通達35-2[7]において帳簿書類の保存の有無により所得区分に変更が生じることを明らかにし

ている。帳簿書類は，適正な期間損益計算の基礎となるものであるため，帳簿書類については後述する。

　所得税は期間税であるため，適正な期間損益計算を行うことにより費用収益の対応が図られ，正確な納税が実現するといえよう。

　期間損益計算において，期間的収益（所法36条1項）から期間的費用（所法37条1項）を控除することにより適正な期間損益が計算される[8]。

不動産所得　　　総収入金額　－　必要経費　（所法26条2項）
事業所得　　　　総収入金額　－　必要経費　（所法27条2項）
雑所得　　　　　総収入金額　－　必要経費　（所法35条2項2号）

　費用と収益の認識については，発生主義に基づいて費用を認識し，実現主義により収益を認識する。例外的に，現金主義により認識することになる。

　上記各種所得の金額の計算に基づいて確定申告を行うことになるが，「その年において給与所得を有する居住者で，その年中に支払を受けるべき第二十八条第一項（給与所得）に規定する給与等（以下この項において「給与等」という。）の金額が二千万円以下であるものは，次の各号のいずれかに該当する場合には，前条第一項の規定にかかわらず，その年分の課税総所得金額及び課税山林所得金額に係る所得税については，同項の規定による申告書を提出することを要しない。ただし，不動産その他の資産をその給与所得に係る給与等の支払者の事業の用に供することによりその対価の支払を受ける場合その他の政令で定める場合は，この限りでない。」（所法121条）として，確定申告を要しない場合がある。いわゆる20万円以下の副業・兼業における所得金額について，所得税の確定申告を要しないこととしている。

　課税の公平を保ち適正な期間損益計算に基づいた納税のためには，20万円以下の所得金額について申告不要とすべきではないが，金額が僅少であることや納税者の事務負担等を考慮して申告不要の制度が設けられたといえよう。

　しかしながら，副業・兼業を有する小規模事業者の所得金額が20万円以下になるか否かについては，当該年の所得計算をした後にしかわからないことであるため，実体的には事務負担は変わらず納税負担のみが軽減されていることになる。つまりは，前々年の雑所得の収入金額について当該年の会計処理の方

法を選択し，これに基づいて当該年の会計処理をした結果として，20万円以下であるか否かの判断が可能になるからである。

さらには，20万円以下の副業・兼業を有する小規模事業者にとっては，所得税の確定申告は不要であるが，住民税や消費税については，この限りではない。所得税の確定申告のみを不要とし，他の税目については，所得金額は変わらないにもかかわらず，個別の判断が必要になるのであれば，納税者にとって複雑な制度になっているといえよう。

2 現金主義の特例

副業・兼業に係る所得が雑所得に区分された場合に，その年の前々年分の業務に係る雑所得の収入金額が300万円以下である場合には，現金主義の特例により計算することができる（所法67条2項）。[9]

また，青色申告者で前々年分の事業所得と不動産所得の金額の合計額が300万円以下である場合には，届け出をすることにより現金主義の特例により計算することができる（所法67条1項）。

白色申告者は，現金主義の特例による所得計算はできない。

小規模事業者が採用する現金主義は，日々の会計処理については簡単である。現金が入金された時点において収益を認識し，現金で支払った時点において費用を認識するからである。

ただし，事業年度をまたいで入金があった場合には，正しい期間損益計算が行えず，適切な納税が行われない可能性がある。

現金主義の採用については，判断基準が前々年300万円以下であるか否かであるため，当該年の事業規模にかかわらず採用できてしまうことにより，事業規模が拡大するほど，適正な期間損益計算から乖離してしまうことになる。

白色申告者が，副業／兼業を事業所得として申告すると，前々年の事業規模にかかわらず，現金主義による所得計算の特例が適用できない。

ここで問題となるのは，現金が入金した時点で収益認識をするため，前述した，20万円以下の副業・兼業を有する小規模事業者としての，所得税の確定申告不要の取扱いが可能になってしまうことである。つまりは，期間費用である

必要経費について納税者の意思に基づいて支払いが行われるため，適正な期間損益計算を恣意的に変えることができてしまうからである。

III　副業・兼業における帳簿書類

1　帳簿書類の保存義務

　我が国において帳簿書類の備付義務ができたのは，昭和25年にシャウプ勧告[10]に基づき青色申告制度が導入されたときからである。その後，昭和59年度税制改正において，納税環境の整備を目的として，一定の所得を超える白色申告者にも帳簿書類の備付義務を課した。

　さらには，平成26年1月1日以後においては，前々年分あるいは前年分の事業所得等の合計額が300万円以下の者についても，帳簿書類の備付義務を課した（所法231の2）。

　令和4年分以後の所得税について，業務に係る雑所得を有する場合で，その年の前々年分の業務に係る雑所得の収入金額が300万円を超えている場合には，現金預金取引等関係書類の保存が義務化された。[11]

　令和4年分以後の業務に係る雑所得については，その年の前々年分の雑所得の収入金額を300万円以下，300万円超1000万円以下，1000万円超の3つに区分して判断することになった。

　ただし，業務に係る雑所得を有する者について，当年の記帳義務についての判断は，前々年の収入金額により判断するため，業務の規模の増減に伴い当年の事業規模で判断しないため，当年の記帳義務の適正性を考えると疑問が残る判断基準であると思われる。

　具体的な区分と取扱いについては，以下のとおりである。

その年の前々年の雑所得の収入額	内　容
300万円以下	現金主義による所得計算の特例を適用
300万円超	住所地又は居所地で，その業務に係る現金預金取引等関係書類を5年間保存
1000万円超	その副業に係る取引のその年間の総収入金額及び必要経費の内訳を記載した書類を確定申告書に添付

現行法の所得税法においては，前々年の雑所得の収入金額が1000万円を超えている場合には，いわゆる白色申告者の収支内訳書を添付する義務（所法120条6項）を課しているが，判断基準が前々年の雑所得の収入金額であるため，当該年における雑所得の収入金額に適している会計処理であるとはいえない。また，雑所得の収入金額に対し収支内訳書の添付がない場合においても罰則がないため，多くの納税者が失念していたとしても，このこと自体に気が付くとは思えない。

　帳簿書類の記帳や保存についての煩わしさから，会計ソフトを用いて会計処理を行う者が増えているので，会計処理の判断基準を当該年の所得に応じて対応することにすべきであろう。

　また，納税者も適正な期間損益計算を行うための帳簿書類の記帳や保存について，適正な会計処理により申告納付すべきであろう。

2　帳簿の種類

　青色申告者は，正規の簿記の原則[12]に従った帳簿書類を備え付けなければならない（所規57条）。財務省令で定めるところにより，同条に規定する業務につき帳簿書類を備え付けてこれに不動産所得の金額，事業所得の金額及び山林所得の金額に係る取引を記録し，かつ，当該帳簿書類を保存しなければならない（所法148条1項，所法232条1項）。正規の簿記の原則に従った帳簿書類とは，網羅性・検証性・秩序性の三要件を満たすものでなければならない[13]。

　ただし，簡易帳簿を備え付けることも認められており，財務大臣の定める簡易な記録の方法及び記載事項によることができる（所規56条1項）。

　「現金預金取引等書類」とは，居住者等が上記の業務に関して作成し，又は受領した請求書，領収書その他これらに類する書類（自己の作成したこれらの書類でその写しのあるものは，その写しを含みます。）のうち，現金の収受若しくは払出し又は預貯金の預入若しくは引出しに際して作成されたものをいいます[14]。

　帳簿書類の具体的な内訳については，以下のとおりである。

3 副業・兼業収入に係る会計処理について

	青色申告者 55万円控除	青色申告者 10万円控除	白色申告者	雑所得 前々年300 万円以下	雑所得 前々年300 万円超	雑所得 前々年1000 万円超
貸借対照表	○	×	×	×	×	×
損益計算書[15] （収支内訳書）	○	○	○	×	×	○
現金預金取引 等関係書類	○	○	○	—	○	○

　上記表からわかるように，適正な期間損益計算が可能となるのは，青色申告者で55万円控除を選択している者のみである。それ以外の者については，青色申告者で10万円控除の者と白色申告者と前々年の雑所得の収入金額が1000万円超の者については，同様の取扱いになっていることである。青色申告者と白色申告者は事業者であるため，取扱いに差異がないことに異論はないが，そもそも，雑所得を有する者については，事業者ではないため，同様の取扱いをしてしまうと，過度な事務負担を課しているといわざるを得ない。

　なぜならば，青色申告者も白色申告者も，事業者であるため事業所得として申告することにより，雑所得として申告する者より，優遇された措置が認められている。包括的所得概念に基づいて現行法の所得税法は，所得区分についてバスケット・カテゴリーを設けているが白色申告者の事業所得と業務に係る雑所得においては，所得の性質上において大きな差異は認められないと思われる。帳簿書類に関しての事務負担が同一であるならば，業務に係る雑所得においても白色申告者の事業所得と同様の取扱いをすることが望まれる。

3　帳簿書類の保存期間

　帳簿書類の保存期間については，所得税法施行規則63条において決められており，起算日から以下の年数において保存することになる。

保存が必要なもの		保存期間
帳簿	仕訳帳,総勘定元帳,現金出納帳,売掛帳,買掛帳,経費帳,固定資産台帳など	7年
書類	決算関係書類 損益計算書,貸借対照表,棚卸表など	7年
	現金預金取引等関係書類 領収証,小切手控,預金通帳,借用証など	7年 or 5年
	その他の書類 取引に関して作成し,又は受領した上記以外の書類（請求書,見積書,契約書,納品書,送り状など）	5年

国税庁「帳簿の記帳のしかた―事業所得者用―」より www.nta.go.jp/taxes/shiraberu/shinkoku/kojin_jigyo/kichou03.pdf（最終閲覧日　令和5年9月10日）

　ここで問題となるのは，前々年の雑所得の収入金額が300万円超1,000万円以下となる者の帳簿書類の保存期間である。同者について，令和2年度税制改正前においては帳簿書類の保存義務がなかったにもかかわらず，同改正後においては現金預金等取引書類を起算日から5年間保存する義務が生じた（所規102条8項）。つまりは，副業・兼業を有する小規模事業者で前々年の雑所得の収入金額が300万円超1,000万円以下の者に，帳簿書類の保存義務のみが課されたことになる。

Ⅳ　消費税法における帳簿書類との関係

　令和5年9月までは，区分記載請求書等保存方式のみであったが，令和5年10月よりインボイス制度が導入されたことにより帳簿書類の記載事項について変更があった[16]。

　消費税法において事業者に対し，政令で定めるところにより，帳簿を備え付けてこれにその行った資産の譲渡等又は課税仕入れ若しくは課税貨物の保税地域からの引取りに関する事項を記録し，かつ，当該帳簿を保存しなければならないとしている（消法58条）。

　具体的な記載内容は以下の要件を満たすこととされている（消規27条）。
・資産の譲渡等の相手方の氏名又は名称
・資産の譲渡等を行った年月日
・資産の譲渡等に係る資産又は役務の内容
・税率の異なるごとに区分した資産の譲渡等の対価の額
　仕入れに係る消費税について，「事業者（…）が，国内において行う課税仕入

3 副業・兼業収入に係る会計処理について

れ（…）若しくは特定課税仕入れ又は保税地域から引き取る課税貨物については，次の各号に掲げる場合の区分に応じ当該各号に定める日の属する課税期間の第四十五条第一項第二号に掲げる消費税額（…）から，当該課税期間中に国内において行つた課税仕入れに係る消費税額（…），当該課税期間中に国内において行つた特定課税仕入れに係る消費税額（…）及び当該課税期間における保税地域からの引取りに係る課税貨物（…）につき課された又は課されるべき消費税額（…）の合計額を控除する。」（消法30条）として，差額概念に基づいた計算方法であることを明らかにしている。また，括弧書きにおいて適格請求書又は適格簡易請求書をもって消費税額を計算する旨も定められている。

消費税の仕入税額控除の要件について区分記載請求書等保存方式の下においては帳簿及び請求書の保存とされていたが，インボイス制度導入後は一定の事項が記載された帳簿及び適格請求書等の保存が要件となりました。

インボイス制度導入前においては副業・兼業を有する小規模事業者については，消法9条に規定されている，「事業者のうち，その課税期間に係る基準期間における課税売上高が千万円以下である者（適格請求書発行事業者を除く。）については，第五条第一項の規定にかかわらず，その課税期間中に国内において行つた課税資産の譲渡等及び特定課税仕入れにつき，消費税を納める義務を免除する。」のみの判断基準で，基準期間の課税売上高が1,000万円以下であれば，消費税の申告義務は生じなかった。

ここで問題となるのは，事業規模にかかわらず，適格請求書発行事業者に該当することとなった場合には，消費税の確定申告が必要になることである。具体的には，前述したとおり，いわゆる20万円以下の小規模事業者においては，所得税の確定申告が不要であるにもかかわらず，消費税の申告義務のみが発生することとなる。中小事業者においては，インボイス制度の普及とともに，消費税の申告義務があるにもかかわらず，所得税の申告のみを行って，消費税の申告を失念している事案が増加していることも懸念される。

さらには，従前は免税事業者であるからといって不利益を被ることはなかったが，インボイス制度導入により適格請求書発行事業者にならざるを得ない状況に陥った者については，消費税の納付金額相当額の所得金額が減少してしま

う結果となる。免税事業者に対する消費税の益税問題について多くの議論がされてきたが，免税事業者においても仕入等の支払いの時には，消費税額の負担をしていた。そもそも，基準期間における課税売上高が1,000万円以下である者については，所得金額が高額である者は少ないと思われる。課税の公平を保つためには，免税事業者としての基準を設けるべきではなく，すべての者が消費税の申告をすべきであろうと思われるが，そもそも，小規模事業者の事務負担の軽減のために免税事業者の規定を設けたのであれば，インボイス制度導入にあたっても，小規模事業者の所得が減額されないような規定を考慮すべきであったといえよう。近年の国税の滞納額の金額の推移をみても，消費税の滞納金額が大半を占める原因としては，上述したとおり，小規模事業者の所得が減少してしまう結果に繋がっていることも大きな要因の1つであると思われる。[17] インボイス制度の導入は，消費税の申告納税に影響を与えることにより，対応できていない小規模事業者を市場から排除してしまうような制度になってしまっていることこそが問題である。消費税は，国民の租税負担に対する不公平感を払しょくするために導入された租税であるが，インボイス制度の導入に伴い，小規模事業者の納税負担のみが増加した結果になっているように思われる。[18]

V 改正電子帳簿保存法との関係

　電子帳簿保存法は，「情報化社会に対応し，国税の納税義務の適正な履行を確保しつつ納税者等の国税関係帳簿書類の保存に係る負担を軽減する等のため，電子計算機を使用して作成する国税関係帳簿書類の保存方法等について，所得税法（昭和四十年法律第三十三号），法人税法（昭和四十年法律第三十四号）その他の国税に関する法律の特例を定めるものとする。」（電子計算機を使用して作成する国税関係帳簿書類の保存方法等の特例に関する法律第1条）として，DX（デジタルトランスフォーメーション）化したビジネスモデル構築の一環を担うこととなっている。

　令和6年1月1日から適用される「電子計算機を使用して作成する国税関係帳簿書類の保存方法等の特例に関する法律（以下「改正電帳法」という。）」について，対象となる者を「電子取引を行っているすべての事業者（保存義務者）」

3 副業・兼業収入に係る会計処理について

としているため，副業／兼業を行う者も電子取引を行った場合には対象となる。

インターネット等の普及によりコロナ禍においてはテレ―ワークも増えることになった。さらには，遠方において取引ができることにより，インターネット販売等の普及により電子取引が増加しているといえよう。電子取引とは，改正電帳法第2条第5項において，「取引情報（取引に関して受領し，又は交付する注文書，契約書，送り状，領収書，見積書その他これらに準ずる書類に通常記載される事項をいう。以下同じ。）の授受を電磁的方式により行う取引をいう。」と定義づけされている。

国税庁の電子帳簿保存法一問一答において，副業・兼業を有する小規模事業者においても「現金預金取引等関係書類」の保存を明らかにしている[19]。このことについて，副業・兼業を有する小規模事業者は従来の帳簿書類の保存義務に加えて，改正電帳法についての事務負担を負うことになる。

国の政策として，国際情勢に合わせた制度設計をしていくことに異論はないが，納税者にとって事務負担ばかりが増える制度設計については考える必要がある。そもそも電子取引については，取引する地域を選ばず経済取引を拡大させていくためには便利な手法であり，今後の経済発展を考えれば必要なものであることは明らかである。

改正電帳法においても，消費税法と同様に免税事業者のような規定を設け，一定規模以下の事業者等についての対応をすることにより，小規模事業者の事務負担を軽減することが可能になる。

Ⅵ おわりに

副業・兼業を有する小規模事業者が増加する傾向にある中，所得税の確定申告をする者も増加した。それに伴い，業務の規模も様々であるため，帳簿書類の記帳及び保存についての判断が難しくなっている。確定申告自体は，電子申告の普及やスマートフォンでの申告が可能になり，納税者にとっての利便性は増しているように思える。

令和4年分以後の業務に係る雑所得については，その年の前々年分の雑所得の収入金額を300万円以下，300万円超1000万円以下，1000万円超の3つに

区分して判断することになったため，前々年の収入金額が3つの区分で年によって変化する場合には，その都度，帳簿書類の記帳及び保存についても取り扱いが変わることになる。そもそも前々年の雑所得の収入金額を判断基準にすると，事業規模の変化に対応した適切な会計処理を行うことができない。さらには，適正な期間損益計算のためには，前々年の雑所得の収入金額により取り扱いを変えてしまうと，当年の納税に影響を与えてしまうため，好ましい判断基準であるとはいえない。

消費税においてもインボイス制度導入により，納税者の判断基準を困難にしているといわざるを得ない。さらには，副業・兼業を有する小規模事業者においては，適格請求書発行事業者にならざるを得ない場合には，納付する消費税相当額の所得金額が減少する結果となってしまうため，近年の物価高騰による所得を補填する目的の者にとっては意図しない結果になっているといえよう。

改正電帳法の影響も大きく，電子取引とはDX化や利便性を追求した結果の取引であるにもかかわらず，副業・兼業を有する小規模事業者にも電子データの完全保存を要求するなど過度な事務負担が増加している。

所得拡大税制や賃上げ促進税制により大企業や中小企業に賃上げを要求することのみで，国民の所得金額が増加するわけではなく，副業・兼業を有する小規模事業者においても所得金額が増加する仕組みづくりが必要になっている。

国民の所得金額の底上げが実現し，かつ適正な期間損益計算による納税を実現することこそが，本来の課税の公平の実現につながることを強調し擱筆する。

参考文献
金子宏『租税法 第22版』弘文堂，2017年
北野弘久『現代企業税法論』岩波書店，1994年
北野弘久『現代税法講義 5訂版』法律文化社，2009年
酒井克彦『プログレッシブ税務会計論Ⅰ―租税法と企業会計の接点―』中央経済社，2016年
谷口勢津夫『税法基本講義 第7版』弘文堂，2021年
富岡幸雄『税務会計学原理』中央大学出版部，2003年
富岡幸雄『税務会計学講義 新版』中央経済社，2008年
水野忠恒『大系租税法 第4版』中央経済社，2023年
柿原勝一「所得税法における『業務』の範囲について」税大論叢102号
首藤重幸「帳簿書類」日税研論集20号

3 副業・兼業収入に係る会計処理について

注

1) www.mhlw.go.jp/content/11200000/000962665.pdf（最終閲覧日　令和5年9月10日）
2) 総務省の令和4年就業構造基本調査によると，副業のある者について2002年においては236.4万人であったが2022年には304.9万人と増えている。また，追加就業希望者についても2002年においては315.2万人であったが2022年には493.4万人と増加しており，今後も副業・兼業のある者は増える傾向にある。副業・兼業のある者が増加するとともに，事業的規模か業務としての規模であるか否かの問題が生ずれば，会計処理についての判断も必要になってくる。www.stat.go.jp/data/shugyou/2022/pdf/kyouyaku.pdf（最終閲覧日　令和5年9月10日）
3) 給与所得者が本業において1,200万円以上の給与所得がある場合において，副業／兼業における給与所得の経費計上が認められていないため問題点もあるが，本稿においては副業／兼業の収入が雑所得に該当する場合を研究対象とするため指摘にとどめる。
4) 国税庁の令和4年8月1日付けの『「所得税基本通達の制定について」（法令解釈通達）の一部改正（案）（雑所得の例示等）に対する意見公募手続の実施について』において業務に係る雑所得の範囲の明確化について，「その所得に係る収入金額が300万円を超えない場合には，特に反証がない限り，業務に係る雑所得と取り扱うこととします。」として，300万円基準を設けたが後に撤回することになった。しかしながら，課税庁の判断基準の1つとして所得の性質ではなく金額の多寡による判断基準を設ける考えを明らかにしている。
5) 金子宏『租税法　第22版』208頁（弘文堂，2017年）。
6) 国税庁「No.1300 所得区分のあらまし」www.nta.go.jp/taxes/shiraberu/taxanswer/shotoku/1300.htm（最終閲覧日　令和6年5月10日）
7) 次に掲げるような所得は，事業所得又は山林所得と認められるものを除き，業務に係る雑所得に該当する。
   （1）　動産（法第26条第1項《不動産所得》に規定する船舶及び航空機を除く。）の貸付けによる所得
   （2）　工業所有権の使用料（専用実施権の設定等により一時に受ける対価を含む。）に係る所得
   （3）　温泉を利用する権利の設定による所得
   （4）　原稿，さし絵，作曲，レコードの吹込み若しくはデザインの報酬，放送謝金，著作権の使用料又は講演料等に係る所得
   （5）　採石権，鉱業権の貸付けによる所得
   （6）　金銭の貸付けによる所得
   （7）　営利を目的として継続的に行う資産の譲渡から生ずる所得
   （8）　保有期間が5年以内の山林の伐採又は譲渡による所得
   （注）　事業所得と認められるかどうかは，その所得を得るための活動が，社会通念上事業と称するに至る程度で行っているかどうかで判定する。
   　　なお，その所得に係る取引を記録した帳簿書類の保存がない場合（その所得に係る収入金額が300万円を超え，かつ，事業所得と認められる事実がある場合を除く。）には，業務に係る雑所得（資産（山林を除く。）の譲渡から生ずる所得については，譲

渡所得又はその他雑所得）に該当することに留意する。（傍点は，筆者による）

8) 費用収益の対応について，「費用および収益の期間的限定，さらに費用収益対応の原則の展開においては，まず収益を期間的に限定し，これに対する損費の期間限定をなす方式と，これとは反対に，まず損費を期間的に限定し，これに対応する収益を把握して収益の期間限定をなす方式とが考えられるのである。」としている。富岡幸雄『税務会計学原理』1049 頁（中央大学出版部，2004 年）。

9) 「対価その他を受領した時をもって収益計上の認識基準とし，収益の帰属を決定する認識基準を『現金基準』と称している。」前掲注（8）909 頁。

10) 「Corporation and individual taxpayers who are currently keeping adequate records and who have filed a self-reappraisal return from will be permitted to file their income tax information and compute their tax on a blue colored form.」シャウプ使節団編『シャウプ使節団日本税制報告書』General Headquarters Supreme Commander for the Allied Powers, 1949 年，C-25 頁。

11) 所得税法第 232 条第 2 項において，「その年において雑所得を生ずべき業務を行う居住者又は第 164 条第 1 項各号に定める国内源泉所得に係る雑所得を生ずべき業務を行う非居住者で，その年の前々年分のこれらの雑所得を生ずべき業務に係る収入金額が 300 万円を超えるものは，財務省令で定めるところにより，これらの雑所得を生ずべき業務に係るその年の取引のうち総収入金額及び必要経費に関する事項を記載した書類として財務省令で定める書類を保存しなければならない。」として，任意帳簿の保存義務を課している。

12) 企業会計原則（一般原則　2）「企業会計は，すべての取引につき，正規の簿記の原則に従って，正確な会計帳簿を作成しなければならない。」

13) 首藤重幸「帳簿書類」87 頁（日税研論集 20 号，1992 年）。

14) 国税庁「No.1500　雑所得」同 6　（最終閲覧日　令和 6 年 5 月 10 日）。

15) 収支内訳書は，収入金額と必要経費の記入をするため，期間損益計算における損益計算書と同じくすることになる。

16) 国税庁「帳簿の記帳のしかた―事業所得者用―」より www.nta.go.jp/taxes/shiraberu/shinkoku/kojin_jigyo/kichou03.pdf（最終閲覧日　令和 5 年 9 月 10 日）

17) www.nta.go.jp/taxes/shiraberu/zeimokubetsu/shohi/keigenzeiritsu/pdf/0023011-048_02.pdf（最終閲覧日　令和 6 年 5 月 20 日）

18) 国税の滞納金額の推移については，www.nta.go.jp/information/release/kokuzeicho/2023/sozei_taino/pdf/sozei_taino.pdf（最終閲覧日　令和 6 年 5 月 30 日）を参照されたい。

19) www.cao.go.jp/zei-cho/history/1996-2009/gijiroku/soukai/2004/pdf/kiso_b22a3.pdf（最終閲覧日　令和 6 年 5 月 20 日）

20) www.nta.go.jp/law/joho-zeikaishaku/sonota/jirei/pdf/0021006-031_03.pdf（最終閲覧日　令和 6 年 5 月 20 日）

4 米国における雇用・教育関連の税額控除制度に関する一考察

成 田 元 男
（米国税理士）

I 導　入

1 問題意識と展開したいこと

米国では，再分配のために所得税制度にかかる負荷が大きくなっているが，課税単位・税率構造と所得控除による方式から，税額控除による方式へと重心が移ってきた。2019年時点の数字だが，所得控除は対GDP比で0.46％，税額控除は同比1.23％とする研究結果もある。[1]また，この20年ほどで，税と社会保障の一体化の度合いが増し，各種の給付付き税額控除が拡大傾向にあることが，特筆すべき特徴である。[2]給付付き税額控除は，所得税の税額控除の仕組みをベースに，給付措置という社会保障の機能をとり入れるものであり，その効果は，税制上の課税最低限を下回り納税がない者にも及ぶ。我が国においても，2007年に政府税制調査会でその導入の検討が明記されて以降，検討事項として取り上げられており，就労支援，低所得者所得支援対策，消費税の逆進性対策等の観点から，期待されているところは大きいが，まだ導入されるには至っていない。

米国では，給付付き税額控除制度は多数存在するが，本稿では，その中でもAOTC（American Opportunity Tax Credit: アメリカ教育機会税額控除），ERC（Employee Retention Credit: 雇用維持税額控除）の二つを，本シンポジウムのテーマである雇用と教育に関連の深い税制として取り上げる。この2種類の給付付き税額控除制度の歴史と概要を俯瞰することにより，その社会的意義を確認したい。一方，この2制度には共通した問題点が存在するので，それについて指摘，検討する。その米国における問題点を，我が国において克服可能かどう

かも検討し，その示唆を考えたい。[3]

II　米国における税額控除制度—給付付き税額控除制度を中心に

1　連邦所得税税額控除制度の一覧

　米国連邦所得税法上において，税額控除制度は多数存在する。以下，Erica York, Summary of the Tax Credits Claimed on the Form 1040, Tax Year 2020（August 17, 2023）Tax Foundation を参考に，代表的な制度を示す。

　①　Additional Child Tax Credit（付加子ども税額控除）
・適格子ども1人当たりに適用される，Child Tax Credit の給付付き部分。
　②　Adoption Credit（養子縁組費用税額控除）
・養子縁組費用を相殺する，給付のない税額控除制度。
　③　Alternative Fuel Vehicle Refueling Property Credit（代替燃料乗物補給施設税額控除）
・適格乗物補給施設を導入した納税者に対する，給付のない税額控除制度。
　④　Alternative Motor Vehicle Credit（代替自動車税額控除）
・代替エネルギーを用いる四輪車以上の乗物を購入した費用を相殺する，給付のない税額控除制度。
　⑤　Child and Dependent Care Credit（子女養育費税額控除）
・子どもまたは扶養家族の世話費用を相殺する，給付のない税額控除制度。
　⑥　Child Tax Credit（子ども税額控除）
・17歳未満の適格子ども1人当たりの納税額を相殺する，給付のない税額控除制度。
　⑦　Credit for the Elderly and Disabled（老齢・障害者税額控除）
・65歳以上の老齢者または障害による永久退職者に対する，給付のない税額控除制度。
　⑧　Credit for Federal Tax on Gasoline and Special Fuels（ガソリン・特殊燃料連邦税税額控除）
・特定目的のガソリンおよび特殊燃料への物品税を相殺する，給付のない税額控除制度。

⑨　Earned Income Credit（勤労所得税額控除）
・勤労所得のある納税者向けの，給付付きの税額控除制度。

⑩　Employee Retention Credit（雇用維持税額控除）
・Covid-19禍で雇用を維持し続ける雇用主負担の雇用税を相殺する，給付付きの税額控除制度。

⑪　American Opportunity Tax Credit（アメリカ教育機会税額控除）
・高等教育機関の学費等を相殺する，給付付きの税額控除制度。

⑫　Lifetime Learning Credit（生涯学習税額控除）
・適格教育機関の学費や関連費用を相殺する，給付のない税額控除制度。

⑬　Foreign Tax Credit（外国税額控除）
・外国で支払われた税額を相殺する，給付のない税額控除制度。

⑭　General Business Credit（一般事業税額控除）
・投資税額控除，研究費税額控除，インディアン雇用税額控除，低額所得者向け住宅税額控除など。

⑮　Mortgage Interest Credit（住宅ローン利子税額控除）
・州または自治体政府から適格証明を得た住宅ローン利子を相殺する，給付のない税額控除制度。

⑯　Net Premium Tax Credit（健康保険料税額控除）
・マーケットプレイスを通じて支払った健康保険料を相殺する，給付付きの税額控除制度。

⑰　Qualified Plug-In Electric Vehicle Tax Credit（適格プラグイン電気自動車税額控除）
・サービスに供された適格プラグイン電気自動車購入費用を相殺する，給付のない税額控除制度。

⑱　Recovery Rebate Credit（コロナ給付金税額控除）
・コロナ給付金を受領できなかった納税者への，給付付きの税額控除制度。

⑲　Residential Energy Credit（再生エネルギー住宅投資税額控除）
・太陽光等の再生エネルギーを利用した住宅投資を相殺する，給付のない税額控除制度。

⑳　Retirement Savings Contributions Credit（退職貯蓄税額控除）
・一定の適格退職給付制度への拠出を相殺する，給付のない税額控除制度。

　いかに米国連邦所得税制において，給付付きのものを含む税額控除が大きな存在であるかを示す定量的根拠として，以下の記述が挙げられる。

　1990年には，連邦税務申告書は113.7 million件提出され，25.6 billionドル（2020年換算）の税額控除が請求された。2020年には，前者は164.4 million件の提出（約45％増）があり，後者は277.9 billionドル（約10倍増）であった。[4] 1990年から2020年を通じて平均すると，税額控除のうち約40％が給付のないものであり，約60％が給付付きのものである。[5]

　上記の如く，米国連邦所得税法上，税額控除制度，ひいては給付付き税額控除制度は多数存在する。ここで，AOTC（American Opportunity Tax Credit：アメリカ教育機会税額控除），ERC（Employer Retention Credit：雇用維持税額控除）の二つを，本シンポジウムのテーマに関連の深い税制として取り上げる。

2　AOTC（アメリカ教育機会税額控除）の歴史・概要・問題点

(1)　AOTCの歴史

　AOTCは，課税年度中に支払った適格授業料および関連費用に適用される，部分的な給付付き税額控除制度である（IRC§25A（i））。

①　1997年：HOPE税額控除制度の創設

　1965年のジョンソン政権において，高等教育の優遇税制が検討され始めたが，結果として奨学金プログラムが創設された。その後の連邦議会における議論を経て，クリントン政権下の1997年において，先駆的なジョージア州のHOPE（Helping Outstanding Pupils Educationally）奨学金をモデルとして，税額控除制度が創設された。適格教育費を2年間最大1,500ドルまで税額控除できる制度で，給付のないものであった。

②　2009年：AOTCとして拡充，給付付きとなる

　2009年のオバマ政権の下，American Recovery and Reinvestment Act of 2009において，HOPE税額控除制度を拡充したAOTCが制定され，給付付きの税額控除制度となった。オバマ大統領は2015年にその恒久化を訴え，結果

としてトランプ政権下の2017年のTax Cut and Jobs Act of 2017により恒久化された[6]。

税額控除制度としての議論開始から半世紀以上，税額控除制度導入から四半世紀以上経過し，社会に定着した高等教育促進税制と言えるであろう。2013年の数値ではあるが，高等教育機関在学生2,037.6万人に対し，AOTC税額控除の申請者は1,019万人と，半数を超えている[7]。

(2) AOTC制度の概要

AOTCは，納税者による高等教育費用の負担軽減を図り，納税者を経済的に支援すると共に，高等教育を促進する，給付付きの税額控除である[8]。

AOTCにより，納税者は，本人，配偶者または扶養家族のために支出した学位等の取得のための高等教育機関の学費および教材費について，学生1人当たり2,000ドルまではその100％，2,000ドルを超過する部分についてはその25％相当額（ただし500ドルまで）を，1年当たり最大2,500ドルまで，最長4年間まで税額控除できる。

AOTCの大きな特徴として，その40％部分の金額は還付可能なものであり（給付付き税額控除），仮に無所得であっても，AOTCの利用により，最大1,000ドルの還付（給付）を受けることができる[9]。

当該控除を受ける条件は，概要以下の通りである（2022年分Form 1040申告時）[10][11]。

① 控除を取れる適格な学生は，以下の条件を全て満たす必要がある。

ⅰ) 高等教育機関（postsecondary education）の最初の4年間のうちの1年に登録していること

ⅱ) 学位等の証明（credential）に繋がるプログラムに登録していること

ⅲ) 暦年1年の中で，少なくとも半分はフルタイムで学業に従事していること

ⅳ) 納税者と学生の双方が，有効な納税者番号を記載すること

ⅴ) 州または連邦で禁止された制限物質（薬物等）の保有または配布により起訴されていないこと

② 控除を取れる適格な費用は，学費，プログラム登録に必須の活動費用，

授業に必要な書籍，消耗品，備品である。書籍，消耗品，備品は，登録教育機関から購入したものでなくとも良い。
③　適格費用は，Pell Grantなど非課税の奨学金や非課税の教育支援金（雇用主からのもの等）を受け取った分だけ減額される。
④　AOTCは，修正後調整総所得（Modified Adjusted Gross Income: MAGI）の金額に基づくフェーズアウトの対象となる。夫婦合算申告以外の申告資格では80,000ドル，夫婦合算申告では160,000ドルをMAGIが超えると，フェーズアウトが始まる。夫婦合算申告以外の申告資格では90,000ドル，夫婦合算申告では180,000ドルをMAGIが超えると，完全にフェーズアウトし，AOTCを取ることができない。

(3)　AOTC制度の問題点
①　巨額の不適切な給付

TIGTAのレポートによれば，FY2020年におけるAOTCの不適切な給付額（過誤または不正に基づく給付額）は，以下の通りである[12]。

	EITC	AOTC	ACTC
合計給付額	575億ドル	56億ドル	328億ドル
推計不適切給付率	32%	36%	16%
推計不適切給付額	182億ドル	20億ドル	52億ドル

AOTCの不適切な給付額は，合計給付金額はEITCの10分の1ではあるが，推測不適切給付率はEITCのそれを上回っている。IRSによれば，AOTCの請求における主な誤りは，a. 適格教育機関でなかった，b. 適格費用を支払っていなかった，c. 既に最初の4年間の学業を修了していた，d. 4年間を超えてAOTCを請求した，の四つである[13]。

EITC制度の問題点においても指摘される，ⅰ）複雑な税法，ⅱ）米国独自の納税環境，ⅲ）申告代行業者の質の問題は，共通していると言える。ⅰ）では，学生と費用の適格要件が複雑であること，ⅱ）では，年末調整制度の不存在，IRSが世帯に関するアップデートされた個人情報を保有していないこと，還付手続きのスピードが優先されていること，英語を解さない納税者が増加し

ていること，ⅲ）では，申告代行業者に資格は問われないこと，が特筆される。[14)]

② 容易な過誤・不正請求

AOTC は，適格高等教育機関に，実際に適格費用を支払ったことが一番の条件である。未払いの学費を払ったものとして請求する，授業に必要とは言えない書籍，消耗品，備品の費用を請求する，といった過誤・不正は容易に発生し得る。

③ 教育支出への税制支援そのものへの批判

また一方で，Lifetime Learning Credit（LLC, 生涯学習税額控除）と合わせて，教育支出への税制支援そのものへの批判も存在する。具体的には，ⅰ）納税者間の経済格差を助長する，ⅱ）住居費や食費の負担が大きいので，これを対象としない税制支援は不十分である，ⅲ）教育により所得への影響を受けるのは学生だが，費用を負担するのは親等であり，別人格である，といった批判である。[15)]

④ 米国社会での受容

それでも，クリントン大統領が高等教育支出に対する税額控除制度を創設した際述べた，「低所得や中間所得層の家族および学生が，高等教育の支出をすることを支援する」という考えは，米国社会に受け容れられていると言えるであろう。[16)]

⑤ 最近の判例

AOTC に関する最近の判例としては，2023 年 1 月に判示された，ヴァッシリアデス事件が挙げられる。[17)] ヴァッシリアデス夫妻が，2018 年連邦所得税申告書において，ロンドン在住の娘が通う University College of London（UCL）に支払った学費等について，AOTC を請求したが，IRS がこれを否認したことを争ったものである。

2018 年，夫妻は学費等を支払うため，何度も英国にある娘の銀行口座に国際送金し，娘を扶養者として税務申告した。しかし，裁判において，夫妻が UCL からの受領書として提示したものは，2017 年のものであった。2018 年に関しては，UCL からの受領書 Form 1098-T を提示することはできず，自宅が盗難にあったため，関連書類が紛失したと証言した。

合衆国租税裁判所は，夫妻は 2018 年における UCL への学費等支払いを立証できていないとして，IRS による AOTC 否認の決定を支持した[18]。納税者による適格学費の支払いを立証できなかったというシンプルな案件であるが，AOTC に関する訴訟では多い。

3　ERC（雇用維持税額控除）の歴史・概要・問題点

(1)　ERC 制度の歴史

　ERC は，Covid-19 の影響で，経済的に厳しい状況下で従業員を雇い続ける雇用主の給与費用の一部を，雇用税の雇用主負担分に対する還付可能な税額控除として，給付する制度である（Coronavirus, Aid, Relief, and Economic Security Act of March 2020（CARES Act），§2301）。

　以下の記述は，主に IRS Website, Employee Retention Credit – 2020 vs 2021 Comparison Chart, 2023 Sep. 15 による。

①　2020 年 3 月：雇用維持税額控除制度の創設

　コロナ禍で経済が痛み，多くの企業が苦境に陥る中，雇用を維持する雇用主を支援するため，トランプ政権は 2020 年 3 月に Coronavirus, Aid, Relief, and Economic Security Act of 2020（CARES Act）を成立させた。

　適用賃金期間は，2020 年 3 月 13 日から 2020 年 12 月 31 日まで。全ての取引または事業を行う雇用主または非課税組織が対象，ただし政府組織は除かれた。控除される雇用税は，社会保障税（Social Security Tax）の雇用主負担分であった。

　適格雇用主は，ⅰ）Covid-19 の影響により政府命令で事業の全部または一部を停止させられたもの，またはⅱ）四半期の売上（Gross Receipt）が，2019 年の同四半期より 50％超落ち込み，同四半期の売上が 80％超まで回復するまでのもの。控除対象適格賃金は，適格賃金（従業員 1 人当たり年間 10,000 ドルまで）の 50％。従業員 100 人以下の場合は，全ての適格賃金が対象。従業員 100 人超の場合は，休業した従業員に支払われた賃金のみ対象。

　最大税額控除額は，2020 年の 1 年間で従業員 1 人当たり 5,000 ドルであった。

② 2020年12月：雇用維持税額控除制度を延長，拡充

　トランプ政権末期の2020年12月において，Taxpayer Certainty and Disaster Tax Relief Act of 2020（Relief Act）を成立，同制度を延長，内容も拡充した。

　適用賃金期間は，2021年1月1日から2021年6月30日まで延長。一部の政府機関も適格とした。控除される雇用税は，社会保障税（Social Security Tax）の雇用主負担分で変わらず。

　適格雇用主は，2021年中四半期の売上（Gross Receipt）が，2019年同四半期の80％未満のもの。控除対象適格賃金は，適格賃金（従業員1人当たり四半期10,000ドルまで）の70％。従業員500人以下の場合は，全ての適格賃金が対象。従業員500人超の場合は，休業した従業員に支払われた賃金のみが対象。

　最大税額控除額は，2021年の四半期毎で従業員1人当たり7,000ドルであった。

③ 2021年3月：雇用維持税額控除制度を延長，スタートアップ事業に拡充

　バイデン政権初期の2021年3月において，American Rescue Plan Act of 2021（ARPA）が成立し，同制度を延長，スタートアップ事業に拡充された。

　適用賃金期間は，2021年7月1日から2021年12月31日まで延長。適格スタートアップ事業にも適用。適格スタートアップ事業（Recovery Startup Businesses）とは，2020年2月15日より後に事業を開始し，適用四半期の前3年間に年間売上（Gross Receipt）が1,000,000ドル未満であり，他の適格条件（政府命令事業停止，四半期売上基準）を満たさないものである。

　控除される雇用税は，メディケア税（Medicare Tax）の雇用主負担分。控除対象適格賃金は，基本的にRelief Actと同じだが，2021年第3四半期と同4四半期については，財務的に極めて厳しい事業（Severely Financially Distressed Employers）にも適用。財務的に極めて厳しい事業とは，これら四半期の売上（Gross Receipt）が2019年の同四半期と比べて10％未満まで落ち込んだものである。

　最大税額控除額は，Relief Actと同じく，四半期毎で従業員1人当たり7,000ドル。適格スタートアップ事業は，四半期毎50,000ドルまで控除できた。

④ 2021年11月：雇用維持税額控除制度を遡及的にスタートアップ事業のみに縮小

バイデン政権は，2021年11月にInfrastructure Investment and Jobs Act (IIJA) を成立させ，同制度をスタートアップ事業のみ適用とした。

適用賃金期間は，2021年10月1日から2021年12月31日まで。適格スタートアップ事業のみ適用（ARPAを遡及的に修正）。控除される雇用税は，メディケア税（Medicare Tax）の雇用主負担分（ARPAと同じ）。

最大税額控除額は，Relief ActおよびARPAと同じく，四半期毎で従業員1人当たり7,000ドルであった。適格スタートアップ事業には，四半期毎50,000ドルまで控除できた。

(2) ERC制度の概要

上記(2)で見た通り，適格条件と控除可能金額は，事業への影響がいつ発生したのかにより異なり，複雑である。

① 控除を受ける条件の概要

以下の記述は，主にIRS Website, Employee Retention CreditおよびU.S. Master Tax Guide 2023, 2022. Oct. CCHによる。

ⅰ) 以下のいずれかの条件に当てはまる事業体または非営利組織であること。

・2020年中または2021年第1四半期に，Covid-19の影響により政府命令で事業の全部または一部を停止させられたもの
・2020年中または2021年第1～第3四半期の適格期間に，所定の売上下落を経験したもの
・2021年第3または第4四半期に適格スタートアップ事業（recovery startup business）となったもの

ⅱ) 適格雇用主が，適格賃金を支払い済みであること。

ⅲ) 適格雇用主が，オリジナル連邦雇用税申告書（Form 941）または修正連邦雇用税申告書（Form 941-X）を期日までに提出すること。

ⅳ) 同控除には，一定の制限がかかる。典型例として，Covid-19影響下での雇用維持支援策である給与保護プログラム（Paycheck Protection Program:

PPP）により，ローン債務免除の対象となった賃金分は，ERC の対象とならない。

② ERC の社会的影響

ERC は，Covid-19 の影響下で経済対策として緊急に打ち出されたものであり，条件が緩い上に金額が大きい。ERC による最大控除（給付）額は，1 人当たり 2020 年が 5,000 ドル，2021 年が 21,000 ドル（7,000 ドル×3）なので，計 26,000 ドルとなる。従業員 50 人の中小企業であれば，1,300,000 ドルを受給できる。日本円換算で，約 1 億 9,000 万円という高額となる。

適格雇用主は，2020 年分の ERC は，2024 年 4 月 15 日まで，2021 年分の ERC は，2025 年 4 月 15 日まで，請求できる。よって現在も，多くの納税者（雇用主）が，過去に遡って請求を提出している。

(3) ERC 制度の問題点

① ERC 制度の特徴

ERC は，Covid-19 の影響下において，経済的に厳しい状況下で従業員を雇い続ける雇用主を支援するという目的においては，我が国の雇用調整助成金と共通する（雇用保険法第 62 条第 1 項第 1 号）。また，給付の主な条件が，Covid-19 の影響下において，売上が前年同時期より一定以上減少したことになっている点は，我が国の持続化給付金に類似している（持続化給付金規程第 4 条三）。

ERC は，その目的を達成するための手段として，特別な申請書を提出させるのではなく，給付付き税額控除を用いていることに特徴がある。

かつ，対象税目が個人所得税や法人所得税でなく，雇用税（具体的には，社会保障税とメディケア税）となっていることが，大きな特徴である。米国では，社会保障税（我が国の公的年金保険料に相当）およびメディケア税（我が国の公的健康保険料の一部に相当）の徴収は，SSA（社会保障局：我が国の日本年金機構に相当）等でなく，IRS（内国歳入庁：我が国の国税庁に相当）が執行していることから，可能な制度と言える。

② ERC 制度の問題点

ERC は，Covid-19 の影響に対応する緊急的な経済対策の一環として打ち出された制度である。(1)で見たように，トランプ政権において緊急に創設され，

その後延長・拡充され，バイデン政権において縮小された。

　同時期には，Covid-19 の影響に対応する雇用主の，雇用維持努力を支援する緊急経済対策が次々に打ち出された。税制としては，例えば，Families First Coronavirus Response Act（FFCRA, 2020 年 3 月成立）に基づく有給家族休暇税額控除（Paid Sick Leave and Family Leave Credit, FFCRA§7001, §7003）によって，従業員または家族のコロナ感染または学校閉鎖を理由とする義務的有給休暇の給与分が政府負担となった。税制以外では，CARES Act に基づく給与保護プログラム（PPP）がある。中小企業（従業員 500 人未満）の人件費相当額の一部を政府保証融資として融資し，一定期間内に一定の条件（例：給与や賃料等として支払）を満たした金額の返済を免除するものである。なお，ERC と PPP の間では，相互作用（interaction）がある。すなわち，CARES Act 成立時には，PPP の融資を受けた場合には，原則 ERC は申請できないとされていた。しかし，その後 2020 年 12 月に成立した Taxpayer Certainty and Disaster Tax Relief Act（TCDTRA）により，PPP の融資を受けた場合でも，債務免除を受けていない支払金額については，ERC を申請できることとなった（TCDTRA §206, CARES Act 成立の 2020 年 3 月 27 日まで遡及適用）。上記のような複雑な経緯，法規定により，納税者（雇用主）にとっては，自分がどの制度に適格であるのか，あるいは，どの制度を利用することが一番有利なのか，判断が困難と批判されている。この状態は，納税者の申告を代行する専門家の訴訟リスクの高まりも意味する[19]。

　ERC は，Covid-19 の影響に対応する緊急的な経済対策の一環であり，その適用条件は意図的に寛大なもの（generous）であった。それでも，各種の適格条件があるが，それを満たさない申告書も非常に多い。例えば，ⅰ）事業停止には当たらず，テレワークによる役務提供があったもの，ⅱ）Shelter in Place や Curfew などの政府命令でなく，自宅待機要請であったもの，ⅲ）売上下落の基準を満たしていなかったもの，ⅳ）比較期間を誤ったもの，である[20]。

　上記にある悪意のない過誤請求より重大な問題は，悪意のあるプロモーターによる，納税者の諸条件が ERC 請求に適格でないことを知りながら，場合によっては関係書類を偽造してまで，虚偽の申告代行を行うケースが頻出してい

ることである。これに対応するため，IRS は，例えば i) ウエブサイトや SNS による納税者・専門家への注意喚起，ii) 違法性が疑われるプロモーターを IRS に告発する制度（Form 14242）といった対策を講じている。[21]

IRS は，Covid-19 禍の時期，予算削減の影響もあって，現場での税務調査は刑事犯罪に関するもの以外は行わなかった。現在は再開され，予告なしの調査は停止しているが（調査官の安全を守るため），Inflation Reduction Act of 2022 (IRA，インフレ抑制法）により，10 年間で 800 億ドルの予算増額措置がついたこともあり，積極姿勢に転じている。特に，書面による調査に力点を入れているところが，最近の特徴である。[22]

③　司法省および IRS の動向

ERC に関する税務調査において，司法省および IRS は，詐害的な申告を取り締まる新しい段階にきたと宣言し，ニュージャージー州在住の申告代行業者レオン・ヘインズ被告人を逮捕した。裁判所資料によれば，2020 年 11 月頃から，ヘインズ被疑者は，クライアントおよび自分の会社向けの ERC を請求するため，Form 941 を作成し申告した。彼は，クライアントに対し，事業をしていれば ERC 適格であり，これは政府からの恵みであると説明していた。10 以上の彼のクライアントの証言によれば，彼が作成・申告した Form 941 は，従業員の人数や支払賃金について，誤った金額が記載されていた。司法省によれば，クライアント達は，そもそも Form 941 に記載されるべき数値に関する関連情報を被告人に提供していなかった。総計で，被告人は 1,387 通の虚偽の Form 941 を作成・申告し，124,751,995 ドル（約 180 億 9000 万円）の虚偽の還付（給付）を請求した。ヘインズ被疑者からの申告に基づき，米財務省は，彼の会社のために，合計で 100 万ドル超の還付金小切手を既に郵送していた。司法省によれば，被告人は，クライアントから還付金の約 10％を報酬として受け取っていた。

被告人は，虚偽の申告代行 8 訴因と郵便詐欺 1 訴因で起訴されている。虚偽申告代行は，1 訴因当たり最大で 3 年間の禁固刑と 250,000 ドルの罰金，郵便詐欺は最大で 20 年間の禁固刑と 250,000 万ドルまたは被害金額の 2 倍の大きい方の罰金が科せられる。[23]

ERC 不正受給請求の爆発的な増加を受け，2023 年 9 月 14 日，IRS のダニー・ワーフェル長官は，少なくとも年末までの間，ERC の新規処理を停止すること（Moratorium）を発表した。「小規模ビジネスオーナーを詐欺から守るため」としている。IRS によれば，これまでに約 360 万件の ERC 申請を受け取ったが，IRS-CI（犯罪捜査）部門は，2023 年 7 月 31 日時点で，Covid-19 対策関連プログラム（PPP 含む）で，80 億ドル超の不正の疑いのある申請を発見した。同部門は，ERC に関して 252 件の査察調査を行い，28 億ドル超分の申請が詐欺の疑いがあるとしている。なお，このうち 6 件が既に起訴され，4 件に判決が下され，平均の禁固刑期が 21 ヶ月であった。

　IRS は，納税者に対して，4 種類の対応を示した。ⅰ）これから ERC を請求しようとする納税者は，本当に適格であるか，IRS の ERC-FAQ サイトで確認するなり，信頼をできる税務専門家（プロモーターでなく）に相談するべきである。ⅱ）既に ERC を申請し，その適格性に自信のある納税者は，根気よく給付を待つ。IRS は，既に提出された申請は処理する。ただし，慎重に適格性を審査するため，支払までの目標期日が，これまで 90 日間であったものが，180 日間に延びるとしている。ⅲ）既に ERC を申請し，給付を受け取っていないが，後で不適格と知った納税者には，自主的に申請を取り上げることができる（税務調査中でも）プログラムを開発中であり，近日中に発表する。ⅳ）既に ERC を申請し，給付を受け取った納税者が，不適格であることを知った場合に，IRS に返還することによりペナルティを避けられる合意策（settlement）を開発中であり，近日中に発表する。[24]

(4)　ERC 制度に関する小括

　ERC は，Covid-19 の影響に対応する緊急的な経済対策の一環として緊急に打ち出された。そのために，制度として，時の経過と共に，新法令による上書きにより適格条件や金額が変更され，納税者にとってコンプライアンスのハードルが高い。その一方で，実際の申請は，以前から毎四半期に提出している連邦雇用税申告書（Form 941）に，基本的には申請控除金額を追記するだけであり，特別な添付書類も必要ないため，極めて簡便な手続きになっている。このことが，納税者から誤った申告書が提出される，あるいは，悪質な業者経由で，

詐欺的な申告書が提出される土壌になっていると考えられる。

　すなわち，EITC の過誤・不正受給を防ぐために導入された，ワークシートの添付や申告代行者の宣誓といった工夫が活かされていない。逆に言えば，過誤・不正受給を防ぐには，申請適格期間の ERC 計算ワークシートや，申請適格期間の従業員の Form W-2 を添付させるだけでも，相当な効果を上げられたのではないだろうか。緊急経済対策であったという経緯はあるが，現在のモラトリアム宣言と付随プログラムを巡る騒動を目の当たりにするに，申告時の情報要求が緩すぎたと感じざるを得ない。

　これは，給付付き税額控除を用いた雇用支援策を日本に導入したらという仮説を考える際に，考慮すべき重要な視点である。

III　我が国における税額控除制度

1　我が国における歴史―所得控除と税額控除

　我が国の所得税上の控除では，低所得に対する配慮から，もともとは税額控除として導入されたものが多かった。しかし，扶養控除に関しては，シャウプ勧告に基づく 1950 年の改正で，所得の大きな者ほど扶養費が大きくなること，所得計算と納税の簡素化の観点から，所得控除方式となった。また，障害者控除，老年者控除，寡婦控除および勤労学生控除は，国家補助的な性格から所得にかかわらず同額とすべきという観点から，1951 年以来税額控除とされていたが，簡素化の観点から，1967 年に所得控除に改正された。寄付金控除も，寄付の促進の観点から，所得控除に改正された。したがって，現行法上では，殆どの控除が所得控除となっており，一部の税額控除が政策的配慮から認められている形になっている。[25]

　現在認められている税額控除の主なものは，配当控除，外国税額控除，政党等寄附金特別控除，住宅借入金等特別控除，試験研究を行った場合の所得税額の特別控除，給与等の支給額が増加した場合の所得税額の特別控除などである。[26]

2　中小企業向け賃上げ促進税制の概要

　我が国でも政策的配慮からいくつもの税額控除制度が創設されているが，一

般納税者にとって最も馴染みが深いのは，(特定増改築等) 住宅借入金等特別控除であろう。本シンポジウムのテーマである「雇用・教育」に関する制度といえば，いわゆる中小企業向け賃上げ促進税制が該当する。中小企業向け賃上げ促進税制とは，中小企業者等が，前年度より給与等を増加させた場合に，その増加額の一部を法人税（個人事業主は所得税）から税額控除できる制度である。

2022年4月1日から2024年3月31日までの適用期間内に開始する事業年度が対象となり，3種類の適用要件がある。

① 通常要件：雇用者給与等支給額が前年度と比べて1.5％以上増加した場合，控除対象雇用者給与等支給増加額の15％を法人税額または所得税額から控除できる。

② 上乗せ要件1：雇用者給与等支給額が前年度と比べて2.5％以上増加した場合，税額控除率を15％上乗せできる。

③ 上乗せ要件2：教育訓練費の額が前年度と比べて10％以上増加した場合，税額控除率を10％上乗せできる。

法人税額または所得税額の20％（通常・上乗せ共通）が，税額控除額の上限となる[27]。

3 我が国における雇用・教育関連の税額控除制度

政策的配慮からいくつもの税額控除制度が創設されているが，本シンポジウムのテーマである「雇用・教育」に関する制度では，中小企業向け賃上げ促進税制のみが該当する。教育に関連する税額控除は存在しない。

中小企業向け賃上げ促進税制は，中小企業者等が，前年度より給与等を増加させた場合に，その増加額の一部を法人税（個人事業主は所得税）から税額控除できる制度であり，その目的は賃上げを促すことにより経済成長を目指すものである。低所得者を対象としたものではなく，雇用維持という社会保障目的でもない。

また，我が国には，給付付き税額控除制度そのものが存在しないので，雇用・教育関連の給付付き税額控除制度はもちろん存在しない。

Ⅳ 日米比較と日本への示唆

1 税額控除制度の歴史の比較

米国では，再分配のために所得税制度にかかる負荷が大きくなっているが，課税単位・税率構造と所得控除による方式から，税額控除による方式へと重心が移ってきた。2019年時点の数字だが，所得控除は対GDP比で0.46％，税額控除は同比1.23％とする研究結果もある[28]。この20年ほどで，税と社会保障の一体化の度合いが増し，各種の給付付き税額控除が拡大傾向にあることが，特筆すべき特徴である[29]。

我が国の所得税上の控除では，低所得に対する配慮から，もともとは税額控除として導入されたものが多かった。しかし，扶養控除に関しては，シャウプ勧告に基づく1950年の改正で，所得計算と納税の簡素化の観点などから，所得控除方式となった。また，障害者控除，老年者控除，寡婦控除および勤労学生控除は，簡素化の観点から，1967年に所得控除に改正された。寄付金控除も，寄付の促進の観点から，所得控除に改正された。したがって，現行法上では，殆どの控除が所得控除となっており，一部の税額控除が政策的配慮から認められている形になっている[30]。

2 税額控除制度の現状比較

米国と我が国，どちらも所得税法上の税額控除制度は約20種類あり，政策目的により様々な種類のものが現存する。日米とも，外国税額控除は，二重課税回避を目的とするもので，共通する。また，対象内容は異なるが，産業への投資を促進する経済成長を目的とした税額控除制度は，共にいくつも存在する（例えば，米国の適格プラグイン電気自動車税額控除や日本の高度省エネルギー増進設備等を取得した場合の所得税額の特別控除）。

一方で，米国では，社会保障を目的とした税額控除制度が目立つ。低所得家族への勤労インセンティブ付与を目的としたEITCの他，子育て支援を目的とした子ども税額控除と付加子ども税額控除が大きなプログラムとして存在し，それ以外でも，子女養育費税額控除，老齢・障害者税額控除，養子縁組費用税

額控除がある。これに対して，我が国では，社会保障を目的とした税額控除制度は存在せず，社会保障は，生活保護などの現金給付，保育園などの現物給付，社会保険料控除などの所得控除によって達せられていると言えよう。

　米国では，EITC を筆頭として，給付付き税額控除制度が発達しているが，我が国では存在しない。さらに，米国では，IRS が，我が国の公的年金保険料にあたる社会保障税や公的健康保険料にあたるメディケア税を徴収することを奇貨として，それらに対する給付付き税額控除という形で，緊急の雇用維持インセンティブを給付した。これはもちろん，現在の我が国ではありえない。

　結果として，雇用・教育に関する税額控除制度として，米国では，EITC，AOTC および ERC という三つの給付付き税額控除の他，給付のない税額控除である LLC が存在するが，我が国においては，中小企業向け賃上げ促進税制のみが該当し，教育に関する税額控除は存在しない。

3　まとめと日本への示唆

　米国では，雇用・教育に関する分野で給付付き税額控除制度が活用され，社会で受容されている。我が国には現状存在しない制度であるが，将来的に導入することは可能であろうか。結論として，筆者は可能と考えている。

　給付付き税額控除制度の最大のメリットは，「申請者にとってスティグマのない給付」であり，それを行政機関が効率的に実行できることにある。例えば，低所得勤労者が，特別な行政手続きを申請するのではなく，確定申告書を作成し，必要書類を添付すれば，給付を受けられることになる。該当者はスティグマなく給付を受けられることにより，就労のインセンティブが増し，行政は効率的な運営となる。

　ここで一番懸念されるのが，米国で問題となっている過誤・不正受給のリスクであるが，筆者は，我が国においては，そのリスクは大きくないと考えている。米国における給付付き税額控除に関する過誤・不正受給の主な原因としては，①複雑な税法②米国独自の納税環境 ③申告代行業者の質が指摘される。しかし，我が国では，①'これから導入するのであるから，納税者に分かりやすい適格要件を法定できる ②'年末調整制度が存在し，国税当局はアップデー

トされた個人情報にアクセスしやすい，還付手続きに長めの時間は許容されると思われる，日本語を解さない納税者は比較的少数 ③'申告代行は税理士の独占業務である，と抗弁しうる。

すなわち，申請者にとってスティグマのない給付を効率的に運営できるというメリットは，過誤・不正受給のリスクを上回ると，我が国では期待できると推測するものである。

ただし，租税歳出（tax expenditures）に関する理論的な批判は，傾聴に値する。すなわち，政府の政策プログラムへの公的資金提供は，できるだけ直接歳出（direct expenditures）によるべきで，税制を通じるべきでなく，もって予算をトータルに把握できるように可視化し，財政の民主的統制を図るべきという考え方である。給付付き税額控除は，通常の課税ベース（normative tax base）から逸脱したものとして，租税歳出に当たるとされる。[31][32]

これに対して，筆者は十分理論的な対応策を提言できないが，議会での法案審議過程において，コントロールされるべきものと考える。

政治的な論点として，米国では社会保障税とメディケア税を徴収するのは，Social Security Administration（SSA，社会保障局）ではなく，IRSであるという現実がある。我が国においては，徴収も含めて社会保障に関する行政を主管する官庁は厚生労働省であり，給付付き税額控除という税制により，社会保障に関わる政策が実施されることには，政治的な反発が予想される（2009年に誕生した民主党政権下で検討されたが，その後実現していない）。

これに対しては，国民にとって，長期的にどちらが望ましいのかという視点からの，議会における十分な議論を望みたい。

私見であるが，もし我が国で給付付き税額控除制度を導入するのであれば，EITC類似の就労インセンティブを目的としたものより，AOTC類似の納税者の高等教育費用の負担軽減を目的としたものを先にするのも，一つの方法であると考える。

EITC類似の給付付き税額控除制度は，社会保障を主管する省庁および政治からの反発が強いものと想像される（長期的には，克服されるべきものと考えるが）。その点，納税者の高等教育費用の負担軽減を目的としたものであれば，

高等教育の促進に繋がり，導入しやすいものと考える。その政策的効果を見極めた上で，社会保障効果を狙う制度を，段階的に導入することも選択肢ではないか。

注
1) Lawrence Zelenak, Giving Credits Where Credits Are（Arguably）Due, 24 Fla. Tax Rev. 51, p59-64, 2020
2) 長戸貴之「米国の所得税と再分配」日税研論集第 84 号 4, 5, 29 頁 2023 年 9 月
3) なお，本シンポジウムにおいて，筆者は代表的な給付付き税額控除制度である EITC（Earned Income Tax Credit: 勤労所得税額控除）についても発表したが，紙幅の関係でこちらは省略した。EITC については，道下知子「「給付付き税額控除」の法的意義の一考察」49 頁，『現代税法と納税者の権利（三木義一先生古稀記念論文集）』法律文化社，2020 年 5 月および道下知子「アメリカ EITC のノンコンプライアンスにおける法的問題点」132 頁，『災害・デジタル化・格差是正と税制のあり方（租税理論研究叢書 32）』財経詳報社，2022 年 10 月に詳しい。
4) Internal Revenue Service, Statistics of Income, Table A, Tax Years 1990-2020
5) supra., Erica York, 2023, Tax Foundation
6) 蟹江茂「アメリカにおける高等教育費の税額控除制度」経済学雑誌第 121 巻第 1 号，79 頁
7) 蟹江・前掲注 6 ）75 頁
8) 蟹江・前掲注 6 ）77 頁
9) 伊藤公哉『アメリカ連邦税法第 8 版』中央経済社，2021 年，386 頁
10) IRS 2022 Instructions for Form 8863 Education Credits, p1-8
11) J. K. Lasser's Your Income Tax 2023, 2022. Dec. Wiley, p623-626
12) TIGTA, Fiscal Year 2022 Improper Payment Reporting Requirements Were Largely Met; However, Improper Payments Estimates Are Less Precise. p4. 2023 May 12
13) Nationwide Tax Forum 2023, Refundable Tax Credits, p33-34, 2023 July 11, IRS
14) 成田元男「過誤・不正受給の実態と対応～米国を事例として」83~91 頁，『給付付き税額控除 具体案の提言』東京財団，2010 年 8 月
15) 橋本彩「米国における高等教育資金の非課税および税額控除」税法学 578 号 118-120 頁
16) Staff of the Joint Comm. on Taxation, JCT-23-97, General Explanation of Tax Legislation Enacted in 1997. Print 1997
17) John Vassiliades and Eliza Vassiliades v. Commissioner of Internal Revenue, T. C. Memo. 2023-1, 2023 Jan. 9
18) Tax Court Rules §142(a), Deputy v. du Pont, 308 U.S. 488, 493 (1940) に基づく
19) Nationwide Tax Forum 2023, Employee Retention Credit Positions and Audits, 2023 July 11, IRS

20) id., Nationwide Tax Form 2023, p3-p17
21) id., Nationwide Tax Form 2023, p3-p17
22) id., Nationwide Tax Form 2023, p22-p24
23) Department of Justice（DOJ）Website, Tax Preparer Arrested for seeking over $124 million in Phony Tax Credits, 2023 September 14
24) IRS Website, Newsroom, To protect taxpayers from scams, IRS orders immediate stop to new Employee Retention Credit processing amid surge of questionable claims; concerns from tax pros, 2023 September 14
25) 道下・前掲注3)「「給付付き税額控除」の法的意義の一考察」53-54頁
26) 所法92，93，95，措法10，10の3，10の4，10の4の2，10の5，10の5の3，10の5の4，10の5の6，10の6，41，41の3の2，41の18，41の18の2，41の18の3，41の19の2～41の19の4，旧措法10の2，10の5の2，10の5の5，震災特例法8，10の2～10の5，13，13の2，令2改正法附則58，令3改正法附則26，28
27) 中小企業庁HP, 中小企業向け「賃上げ促進税制」
28) supra, Zelenak, 2020
29) 長戸・前掲注2) 4, 5, 29頁
30) 道下・前掲注3)「「給付付き税額控除」の法的意義の一考察」53-54頁
31) S. S. Surrey, Pathway to Tax Reform: The Concept of Tax Expenditures, 1973, Harvard Univ. Press
32) 石村耕治『アメリカ連邦所得課税法の展開～申告納税法制の現状と課題分析～』p564-576, 2017年3月, 財経詳報社

5 教育，子育てと税制
―― 女性活躍社会を見据えた租税制度の在り方 ――

石 川　　緑
（税理士・千葉商科大学非常勤講師）

はじめに

　「人生100年時代」の構想の下，政府は様々な政策を打ち出している。政府の少子化対策は改善の成果が出ているとはいい難く，急速な人口減少による労働者不足が懸念されている。そのような状況の中，女性と高齢者に明日の日本の活力を見出し，働く女性の後押しをする法整備を行い，女性が活躍できる社会の実現へ向けて税制面ではどのような施策が考えられるであろうか。女性の就労に関しては，未だ結婚や出産などライフステージの変化に伴い離職するケースが少なくない。育児後再就職する場合にも非正規雇用が6割の現状など，課題も多い。

　そのような中，「女性の職業生活における活躍の推進に関する法律[1]」（平成27年法律第64号。以下「女性活躍推進法という。）が平成28年4月から施行されている（なお，同法は，令和元年5月29日に改正が行われている。）。女性の「活躍」の場には，色々な場面があると思われるが，同法は，職業生活を希望する女性が，採用，昇進，賃金などの点において性別による差別なく機会を等しく与えられ，職業生活と家庭生活，ワークライフバランスのとれた生活を送れるような社会の実現を目的としているといえる。また，平成27年6月3日の衆議院内閣委員会[2]，同年8月25日の衆議院内閣委員会[3]における「女性の職業生活における活躍の推進に関する法律案」に対する附帯決議では数十項目にわたり，施行に当たって，政府又は地方公共団体が講ずべき必要な措置を挙げている。女性活躍社会の実現には，男女間の賃金格差の是正と非正規労働者の待遇改善が求められるが，諸外国において既に施行され効果を上げている税制上の手当

なども参考となろう。あるべき女性活躍社会とは何かとの問題意識から，いかなる租税制度が構築されるべきかを検討したい。

I これまでの少子化対策

内閣府発行の少子化社会対策白書によると，これまでの少子化対策としてエンゼルプラン（1995～1999年度），次世代育成支援対策推進法の制定（2003年7月～），少子化社会対策基本法の施行（2003年9月～），子ども・子育て関連3法の制定（2012年）[4] 待機児童の解消に向けた取組（2013年4月～），働き方改革実行計画の策定（2017年3月～）など，様々な取組が行われてきた。しかし少子化の流れは止まらないまま30年弱が経過しようとしている。また，2020年に女性議員の割合を30%にという目標はほとんど議論のないままあっさりと10年見送りとなっている。このような状況下で客観的な指標としてOECD加盟国における女性の就労・子育ての状況を把握すること，少子化対策に成功している国が行っている具体的施策を比較検討することは意味があるのではないかと考えた。いかなる租税制度が構築されるべきであろうか。

II OECD報告書からみる女性雇用の現状と示唆

OECD（Organization for Economic Co-operation and Development）は，2019年に「Economic Surveys：Japan」を発刊した[5]。その第1章「Labour market reform to cope with a shrinking and ageing population」では，日本の高齢化社会における労働改革・財政の持続可能性の確保についての経済調査結果が7項目にまとめられており，女性の雇用における現状報告と，女性の雇用における様々な障壁を減少しようという試みが論じられている。以下では報告書の概要を紹介することとしよう。

5 教育，子育てと税制

> ① Reducing obstacles to the employment of women（女性の雇用に対する障壁を減らす）
> ② Improving work-life balance（ワークライフバランスの改善）
> ③ Providing high-quality, affordable childcare（良質で手頃な価格の保育所の提供）
> ④ Ensuring that women do not have to leave their jobs to care for elderly relatives（介護離職ゼロに向けた取組）
> ⑤ Reforming the tax system to remove disincentives to work for second earners（配偶者控除の廃止）
> ⑥ Enhancing women's role by reducing discrimination（差別を減らすことで女性の役割を向上する）
> ⑦ OECDの主な政策提言

1 obstacles to the employment of women（女性の雇用に対する障壁を減らす）

　我が国の共稼ぎ世帯の割合は，1980年の約600万人から，2018年には1,200万人以上に倍増している。2013年から250万人の女性が労働力に加わり，2012年の60.7％から2018年の69.6％へとOECDの中央値67.5％を上回った。しかし，女性の雇用の増加は必ずしも性別による大きな不平等が解消される方向とはなっていないのが現状である。女性の雇用率は男性雇用率を14％下回り，雇用率の性差はOECD平均をわずかに下回っている。非正規労働者全体の3分の2を女性が占めている。

　パートタイムで働く女性の割合（週30時間未満）は2017年に37％で（図表1のC），OECD平均の25％を大きく上回り，OECDで6番目に高い。低賃金の非正規職への女性の集中は，男女賃金格差の要因となっている。男女賃金格差は2005年の33％から2017年には25％へ低下したものの，OECDでは3番目に高い男女賃金格差である。

図表1　女性の雇用は増加したが性差不平等は依然として高い

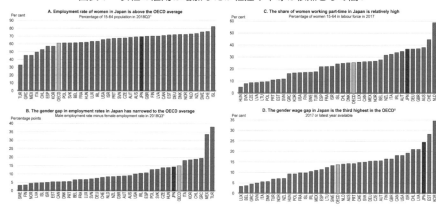

2 Improving work-life balance（ワークライフバランスの改善）

　ワークライフバランスについては，日本は長時間労働を反映して，OECDの下位5位にランクされている。労働時間はOECD各国間で何十年もの間，最長であったが，1990年から16％減少し，1年当たり平均1,710時間となり，OECD平均をわずかに下回った。しかし，この減少は主に，比較的短い労働時間の非正規労働者の数が大幅に増加した結果である。夫婦世帯では，過去30年間の夫と妻の平均労働時間の変化はごくわずかであり，法定労働時間を1988年の46時間から1997年の40時間に短縮した立法措置の効果はわずかなものであったといえよう。

　ワークライフバランスの欠如は，労働者とその家族に強いマイナスの影響を及ぼしている。家事育児の時間は，男性は1日当たり1時間未満であるのに対して，女性は家事や育児に1日当たり4時間近く専念していることが分かる。このように，我が国の無給労働の性差は1日当たり183分（3時間3分）に及んでおり，OECDで4番目に差が大きい（図表2）。そのような中，介護者が時間外労働の免除を申請できるようにするための「育児・介護休業法」の2017年改正は良い方向だといえよう。2021年3月改正では育児休業取得促進のための「産後パパ育休」創設，育児休業分割取得，大規模事業主に対する育児休

5 教育，子育てと税制

業取得状況の公表義務等の改正が行われた。日本人男性の育児休暇取得率は依然低い状態であるが，厚生労働省「令和4年度（2022年）雇用均等基本調査」における男性育休取得率は17.13％となった。

図表2　日本人女性は日本人男性よりはるかに多くの時間を家事労働に費やしている

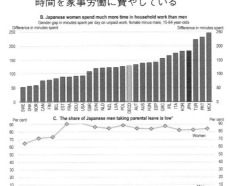

3 Providing high-quality, affordable childcare（良質で手頃な価格の保育所の提供）

第一子妊娠時点で雇用されていた女性の割合は，1985～89年の61％から2010～14年には72％に増加している（報告書96頁Figure図1.19）。さらに，雇用された人々のうち，仕事を続けることを選択した人々の割合は，同期間で39％から53％に増加した。それでも女性のほぼ半数は，第一子の出産後に労働市場から撤退しているのが現状である。再就職するほとんどの女性は，正規雇用ではなく非正規雇用である。子供を産んだ後も労働力にとどまるかどうかの判断は，保育所の利用可能性，ワークライフバランスなどの要因によることが分かっている。

政府は，2019年10月に3歳から5歳までの子供に対して保育園と幼稚園の無償化を導入した。2019年10月に消費税率が8％から10％に引き上げられた

のは，高齢者中心となっていた社会保障制度を拡充し，子育て世代のためにも使えるよう，全世代型に転換する必要からである。政府は，この政策が出生率を押し上げることを望んでいたが，出生率は2018年には1.4，2019年では1.36，2022年では1.26と低下している[7]。

4 Ensuring that women do not have to leave their jobs to care for elderly relatives（介護離職ゼロに向けた取組）

　人口の高齢化は，労働者，主に女性が高齢の親や親族の世話をするために離職するため，労働力の減少につながる。2010年以降，長期介護を提供するために仕事を辞める労働者の数がかなり増加している。2016年の「ニッポン一億総活躍プラン[8]」の目的のうちの一つは，「介護離職ゼロ」であった。この目標を達成するために，政府は2020年代初頭までに高齢者の長期介護能力を少なくとも50万人増やす予定である。2017年に「育児休業，介護休業等育児又は家族介護を行う労働者の福祉に関する法律」が改正され，より長期の介護休業オプションが提供された。2012年の雇用状況調査によると，家族の長期介護をしている労働者のわずか3.2%のみがこの介護休業制度を利用したという。この改正により，労働者は合計93日間まで3回の長期休業を取得でき，残業は免除される。企業や労働者の間での長期介護休業の資格についての認識を高め，長期介護休業制度の利用を促進するインセンティブを提供することが重要である。

5 Reforming the tax system to remove disincentives to work for second earners（配偶者控除の廃止）

　労働に関する種々のデータによると，家庭における2番目の働き手（1番目働き手の配偶者等）が仕事の阻害要因（例えば103万円の壁）に対して非常に敏感である傾向があることを示している。2番目の働き手の労働へのインセンティブを弱める税制と給付制度は，ジェンダーの公平性，効率性，所得の不平等に影響を及ぼし得る。そのような阻害要因を取り除くことは，雇用とGDPにプラスの影響を与え，所得の不平等を軽減する可能性があるという。例えばド

イツの税制では，同一世帯内での 2 番目の働き手（多くは女性）の非課税の僅少労働制度（月額 450 ユーロ以下）があるが，労働拡大のディスインセンティブになっていると報告している。[9]

我が国の税制は，家族ではなく個人に基づいている。もともと，1961 年に導入された配偶者控除制度は， 2 番目の働き手が給与収入で 103 万円未満の場合，主所得者の課税所得から最大 38 万円が控除される制度である。 2 番目の働き手の多くは，主所得者が配偶者控除の適用を受けるようにするために収入を 103 万円以下に抑えるようにしていた。また，配偶者控除のような所得控除は，高所得世帯に減税の効果が高く，平均賃金（2016 年で 380 万円）よりも収入が低い人のうち，配偶者控除の適用を受けられた人は 20％未満であった。

2018 年には，配偶者控除の給与収入基準が 150 万円に引き上げられた。また，収入が 1,220 万円を超える主な所得者は，配偶者控除及び配偶者特別控除は適用されないこととなった。この配偶者控除の縮小や廃止は， 2 番目の働き手が課税されることなく，より多くの収入を得ることができるようにすることで，既婚女性による労働投入量を増やすことが期待されている。さらに，経団連は，結婚した女性によるより積極的な労働参加を促進するために，配偶者手当の削減又は廃止を検討するよう会員企業に求めた（ちなみに「令和 2 年度税制改正に関する提言」では配偶者控除制度について言及していない）。

OECD2018 年報告では，配偶者控除は段階的に廃止されるべきであるとしている。[10] これは，教育，雇用，起業家精神におけるジェンダー平等男女共同参画評議会の OECD 勧告（2013）に沿ったものであり，各国に「両方の親がほぼ同様の経済的インセンティブが得られるように税制上の制度を設計する」よう求めている。[11]

6 Enhancing women's role by reducing discrimination（差別を減らすことで女性の役割を向上する）

安倍首相（当時）は 2013 年に「すべての女性が輝く社会」を構築することを約束し，2020 年までに女性管理職 3 割など，指導的地位に占める女性の割合を 30％に達成させる目標を再確認した。しかし，女性の教育レベルの向上と男女

共同参画社会基本法や男女雇用機会均等法，男女平等法の実施にもかかわらず，管理職など指導的地位にある女性の割合は国際基準では低いままである。2019年でみると，女性の管理職の割合はわずか13％であり，OECDで2番目に低く（図表3のA），深刻な人材の偏りを示唆している。2018年の政府の上級管理職に女性が占める割合は4.9％，2017年の民間部門の同割合は10.9％にとどまっている。上記のほかにも，上場企業の取締役会における女性が占める割合は，2017年で5.3％にとどまっている状況である（図表3のB）。衆議院議席割合をみると，フランスの26％，ドイツの37％に比べ，日本においては女性の割合は10％のみである（図表3のC）。したがって，女性議員の数でみると，我が国は193か国中161位と下位にランクされている。

　世界経済フォーラムによる男女の平等度を示す「ジェンダーギャップ指数」における日本のランキングは，2012年の101位から2018年には110位にランクを下げている。2023年ではさらにランクを下げ，146か国中125位で，2006年の公表開始以来，最低であった。ジェンダーギャップ指数は「経済」「教育」「健康」「政治」の4分野で評価しているが，分野別にみると，政治が世界最低クラスの138位で，男女格差が埋まっていないことが改めて示された（経済123位，健康59位，教育47位）。

図表3

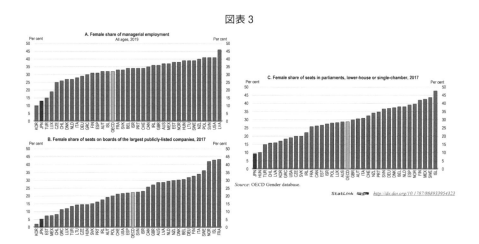

上記のほかにも、多くの追加の目標を導入しているが、拘束力のあるものはなく、達成できなかった場合の罰則も用意されていないのである。

　管理職及び監督職の労働者の割合は、同じ勤続年数の男性と比較した場合、女性の割合はかなり低くなっている。例えば、31年以上の在職期間を持つ正規のホワイトカラー課長以上の労働者割合をみると、男性の78％と比較して、女性はわずか20％にとどまっている。男性の場合は、11〜15年の在職期間を経た後に、課長以上の地位に就く割合が20％に達している。同様に、31年以上の在職期間を持つ女性の50％は、男性の93％と比較して、係長以上のレベルに達した。在職期間が31年以上の正規のホワイトカラー労働者のうち、女性の約50％が係長以上のレベルに達したのに対し、男性は93％が係長以上のレベルに達している。組織（会社）での役職が上昇するにつれ、男性と女性の階級間の格差は拡大する傾向にある。

　我が国の雇用労働慣行は、不平等の多くの原因となっているようである。多くの雇用主は、依然として、女性が出産前後に離職することを期待しているため、女性が企業特有のスキルを習得するための実地訓練に投資する可能性は低い。かように、雇用慣行は、管理職レベルに達する女性の機会を制限しているといえる。

7　OECD の主な政策提言

　OECD の主な政策提言は以下のとおりである。

- 2019〜20年に導入される残業時間に係る年間360時間の制限を厳密に施行し、それを超える企業に対しての適切な罰則を確保する。
- 勤務時間中に必須の最低休憩時間を導入する。
- 保育園等の待機児童の解消に取り組み、母親が労働から離れることを余儀なくされることがないようにする。
- 間接差別を含む、教育と雇用における女性に対する差別を防止するための措置を強化する。

　また、その他の推奨事項として、以下を提案している。

・働き方改革における平等な仕事の提供に対して平等な賃金を確保することにより，年功賃金曲線を平坦化する。
・過剰な労働時間を避けるために，高度プロフェッショナル制度を注意深く監視する。
・両方の親が仕事に対してほぼ同様の金銭的インセンティブを持つように，税制上の制度を改革する。
・企業や労働者の間での介護休業制度の認識を高め，その利用を促進するインセンティブを提供し，高齢の親族の世話をするために仕事を辞めなければならない労働者を減らす。

8 雇用慣行の問題点

　我が国の雇用慣行が，女性管理職レベルに到達する機会を制限している要因として，次の3つの問題点があると考えられる。
　① 長時間労働は経営陣に昇進するための前提条件であるため，男性に比して家事などの無給労働に時間を割く必要のある多くの女性は昇進への道から身を引くこととなること
　② 高いパフォーマンス評価は男性の昇進の確率を高めるが，女性の昇進の確率を高めることとはならないこと
　③ 正規社員は，企業における昇進過程で頻繁に仕事の間で異動を求められること

Ⅲ　家族政策と家族関係社会支出の国際比較

　我が国においては少子化対策がなかなか思うように進まず，出生率が伸び悩んでいる現状がある。政府は「人生100年時代」，「すべての女性が輝く社会」構想を掲げ，女性と高齢者の活躍に我が国の活力を見出そうとしている。少子化は，特に高齢化が進む我が国においては，社会保障の財源と負担に直結する問題であり，上記「人生100年時代」構想・「すべての女性が輝く社会」構想と少子化対策とを切り離して考えることはできないであろう。

諸外国においても少子化は大きな問題であり，各国はその対策を重ねてきた。OECD 諸国での家族関係社会支出（GDP 比）と，合計特殊出生率との関係をみると，家族関係社会支出額，子育て支援のための財政支出が多い国ほど，その国の出生率が高いという結果が出ている。子を生まない選択や文化的背景の相違なども当然考えられるが，全体的には子育て支援の政策を強化すれば，出生率が上昇する可能性は高いということができるのではなかろうか。[12] 我が国では子育て支援のために，どれほどの財政支出が行われているのであろうか。「令和 2 年度社会保障関係予算の内訳」をみると，「年金」12 兆 5,232 億円（35％），「医療」12 兆 1,546 億円（34％），「介護」3 兆 3838 億円（9％）と，高齢者関係の社会保障給付が約 28 兆 0616 億円（78％）となっているのに対し，「少子化対策費」はわずか 3 兆 0387 億円（9％）にとどまっており，今後，高齢者重視の施策から，少子化対策重視の施策への転換を図っていく必要があると思われる。

家族政策関連財政支出の対 GDP 比（令和 4 年版少子化社会対策白書内閣府資料）を主要国別にみると，出生率が高いスウェーデン，フランス，イギリスでは，その割合が高く（2.8〜3.4％），出生率の低い日本においては家族政策支出の対 GDP 比が欧州諸国と比べて低水準（1.73％）となっている。国民負担率などの違いもあり，単純な比較は難しいが，家族政策関連財政支出全体の財政規模が小さいといえる。このように我が国の社会保障は，諸外国と比して規模が小さく，会社や家族が社会保障の役割を代替し，機能を果たしており，給付の面からみれば，年金の比重が非常に大きく，福祉の比重が非常に小さいのが特徴であるといえる。

社会保障給付のうち，高齢者関係給付が 78％を占め，これに対し子ども・子育て関係の給付はわずか 9％にすぎない（2017）。我が国は公的教育支出の国際比較においても対 GDP でその比率が低く，人生の後半に社会保障が給付される機会が偏在している。これからの人生 100 年時代においては，少子化対策など人生の前半においても社会保障が給付されるような施策が必要となってくるであろう。

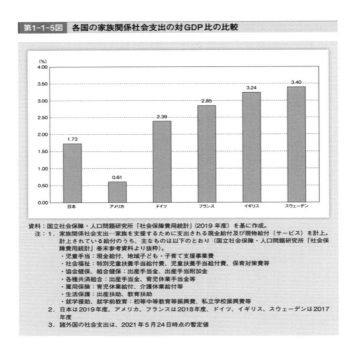

Ⅳ　現行所得税制度の問題点

1　所得控除から税額控除へ

　所得税法は，総所得金額・退職所得金額及び山林所得金額から，雑損控除等の各種の控除を行うべきことを規定している。これらの控除を一括して所得控除という。所得控除の種類は様々であるが，基礎控除，扶養控除，配偶者控除，配偶者特別控除は一括して人的控除（personal exemption）と呼ばれる。所得のうち本人及びその家族の最低限度の生活（minimum standard of living, Existenzminimum）を維持するのに必要な部分は担税力を持たない，という理由に基づくものであって，憲法25条の生存権の保障の租税法における現れである[13]。現行法は各種所得控除を採用しており，各種の所得控除は，課税ベースを縮小することにつながることとなる。また，所得控除は税率の累進構造の関連上，高所得者層に有利に働き，低所得者層は所得控除を控除しきれないなど所得控除

の恩恵を受けることができないという問題がある。所得控除から税額控除への転換は，1980年代以降，課税ベースの拡大と所得再分配を可能とする方策であるとして世界的な税制改正の潮流である。

この点については，例えば，平成14年6月付け「あるべき税制の構築に向けた基本方針[14]」は，「配偶者控除及び扶養控除を廃止する一方，児童の扶養について税額控除を設ける」とし，本人の基礎控除のみとするとの考え方を徹底しつつ，別途，「児童の養育に対し，税額控除という形で配慮するもの。所得控除と異なり，所得の多寡にかかわらず同等の配慮が可能となる」と，その効果を述べる。また，平成15年6月付け「少子・高齢社会における税制のあり方[15]」では，「控除の仕組みを所得控除制度ではなく税額控除制度とすることも検討課題となる。これらについては，社会保障制度との関連や諸外国での事例等も踏まえ，検討を深める必要がある」と指摘していた。さらに，その2年後の平成17年6月付け「個人所得課税に関する論点整理[16]」では，「これまで個人所得課税では，子供の扶養を担税力の減殺要因ととらえて所得控除によって対処してきた。政策的に子育てを支援するとの見地からは，税制において，財政的支援という意味合いが強い税額控除という形態を採ることも考えられる。この問題については，今後，少子化対策全体の議論の中で，他の政策手段との関係，諸外国の事例も踏まえ，引き続き検討を深めていく必要がある」とし，所得控除から税額控除への転換について検討がなされてきている。

2 税額控除・給付付き税額控除

税額控除とは，課税所得に税率を適用して算定された税額から控除される項目である。税率を適用する前の所得から控除する所得控除とは異なり，税額控除は税率を適用した後の税額からの控除である点で，納税者への補助金のような機能を持つ。そのため税額控除は経済や産業の活性化や社会的弱者の救済，環境や文化の保護など政策的な色彩が強く表れることが多い[17]。

金子宏東京大学名誉教授は，人的控除に関して，「人的控除の水準は，財政事情さえ許せば，生活保護の水準に合わせるべきであろう。また，人的控除を所得控除から税額控除に切り替えて，所得控除による税額の減少額が所得の増

加につれて累進的に増加するという問題を解消すると同時に，還付つき税額控除制度を採用して，控除額が税額を上回る場合には差額を還付することとすべきであろう。なお，所得が最低生活費を下回る場合には差額の全部または一部を給付すべきであるという意味での給付付き税額控除の提案についても，中長期的課題として検討の要がある。」とされる。[18] 各国で各種手当，給付が必ずしも出生率上昇につながっているとは限らないというデータ（例：保育料無償化）もあるが，所得税制度の中で考えられる方法として，現行所得税法の制度にはない保育料，学費等の支出に係る手当（所得控除など）等の導入も検討の余地があろう。

V　ドイツ子育て政策の例

1　子育て政策

ここで，出生率上昇につながったドイツ子育て政策の例を確認したい。隣国のフランスの出生率（1.86）との比較ではやや劣るものの，日本や米国，フランスをはじめ世界中で出生率の低下がみられたコロナ禍において，ドイツでは出生数が上昇した（2021年前年比22,000人増）。ドイツの子育て支援策が充実しているため，コロナ禍のような社会的経済的に不安定な中でも子供を産み育てることに肯定的な家庭が多かったのではないかという分析が出ている。[19]

ドイツの出生率が1.2台に下がった1990年代から1.57にまで回復した子育て支援策は次のような制度である。

① 「育児休暇」という名称を「両親時間」という名称に変更。「休暇」という言葉により家庭内での育児労働が過小評価されることを避け，父親の家事育児への参加促進と，産後母親の早期労働復帰を目指すものである。
② 「両親時間」は最長3年取得でき，職場への復帰が法的に保障（解雇されない）。週32時間までの短時間労働も可能。子供が3〜8歳の間24か月分を繰り延べることも可能。
③ 「親手当」は，子供が生まれる前の平均賃金の65％が支給（収入により割合は変わる）され，最低300ユーロ〜最高1800ユーロ，最長14か月

間分である。親手当に加え，親手当プラスもある（支給額半額で受給期間2倍）。両親ともに短時間労働（週32時間以内）で働く場合には，さらに4か月分追加支給。父親と母親の受給期間は各家庭で自由に決めることができる。
④ 「児童手当」は子供1人に対して月額250ユーロ（約4万円）4人で月額約16万円所得制限はなし。全ての子供に対して満18歳まで支給。

産前産後休業手当受給したのち，「両親時間」取得，「親手当」受給し，児童手当受給するというのが一般的な流れである。

2007年「親手当」導入から15周年の2022に，連邦統計局がレポート公表した。レポートによると，

・3歳以下の子供を持つ母親の労働参加率は43％から56％に上昇
・父親の「親手当」受給割合は，制度導入以前は3％であったのが，2008年の20％から43.5％に倍増。州によっては父親の受給率が50％を超える州もあった（バイエルン州など）
・父親の平均育児手当支給期間は約3.3か月
・2か月以上親手当を受給する父親は約10％
・父親が単独で親手当を受給するケースはごくわずか
・いかに父親が育児休業を取りやすくするか，家庭内のワークライフバランスが重要
・家政婦費用，保育所や保育士などの保育料も特別費用として控除できる

などの報告があった。日本の父親の育児休業取得率が13.7％（2022年），平均取得期間は2週間未満が7割（2018年）というデータに比べて，ドイツでは父親の家事育児参加が進み，家庭内ワークライフバランスが整い，出生率上昇につながったようである。

2 教育関連税制

また，ドイツでは教育関連税制は充実しており，支出した子供の学費の30％

を所得税から特別支出として控除可能である（子供1人当たり年間最大5000ユーロ）。この制度はドイツ以外の学校に通っている場合にも適用がある（EU，アイスランド，リヒテンシュタイン，ノルウェーに学校があることが要件）。子供ではなく，自身の学業，職業訓練のための支出についても6,000ユーロを上限として控除可能である。

　しかしながら，ミュンヘン税理士会副会長ギュンター・ヘルムハーゲン氏からの聞き取りによると，租税教育に関しては，残念なことに小学校，中学校，高校の授業で税を学ぶ機会は全くないとの回答があった。社会人になる以前に税を学ぶ機会は，大学の講義で，数少ない税に関連する講義を履修した学生くらいであり，税法の講義を展開している大学は少なく，また経済学や会計学の関連講義でごく浅い，一般的な税の知識の解説を行っているにすぎない現状であるとのことであった。税や社会保険，投資や労働関係などの様々な知識を全く持たないまま社会人になる若者であふれており，税＝ただ取られるもの，嫌なもの，という認識が蔓延している状況から租税教育の必要があると思われるが，何らかの理由により（おそらく政治的理由），租税教育を積極的に進める方向にはなっていないとの説明を頂いた。

　日本においては2000年頃から税理士会が小学校における租税教育を開始，平成26年税理士法改正では租税教育が税理士法に明記された。成人に向けた租税リテラシー教育はますます重要性を増していると思われる。

むすびに代えて

　少子化対策や女性活躍社会の実現は，女性側だけの問題ではなく，社会全体の問題である。本来「女性」「男性」など性差は関係なく全ての人々が活躍できる社会こそが，社会全体としての望ましい在り方ではなかろうか。各企業が女性の雇用を増やせばよい（女性雇用の障壁については前述のとおり），とか，女性活躍社会とは女性のみが率先して働くことへの意識を変えて労働参画していくものだ，という認識では，改善はなかなか進まないと思われる。女性をパートナーに持つ人にも同じように働き方の意識を変えていかねばならないと考える。

　それにはまず，一つひとつの家庭において，女性の家事労働などの無給労働

の時間を短縮し，無給労働の性差を小さくしていくことからスタートするべきではなかろうか。職業生活と家庭生活，ワークライフバランスのとれた生活を送れるような社会の実現は，家族単位で改善していくものであり，いつか企業が職場環境を改善し，解決してくれるであろう，といった他人事ではないのである。いうまでもなく，それには男性（パートナー）側1人ひとりのサポートと意識の改革が不可欠であるといえる。男性側の働き方の改善，長時間労働をも改善していかないことには，いつまでも家庭内での無給労働の性差不均衡が縮まることはなく，ワークライフバランスのとれた生活の実現は非常に困難であるのではなかろうか。

　子育て世代をはじめとして，社会全体の長時間労働など働き方の見直しを進めていく必要があるが，前述したように働き方の多様化としては，短時間勤務や残業時間が短いこと（これらは無給労働の性差が縮まることによりかなり改善されるものと思われる。），在宅勤務を可能にするなどの勤務場所の柔軟性，そして保育施設等の確保が各種研究調査から重要であることが明らかとなっている。雇用企業側としても長時間労働に対する評価ではなく，時間当たりの生産性での評価体制の構築が急務であろう。また，税制で対応可能と思われる対策としては，子育てに伴う保育費，教育費を中心とした経済的な負担の緩和を目的に，所得控除，税額控除での対策が考えられる。所得控除には様々な問題があることは前述のとおりであるから，ある程度の所得制限を設定した上での税額控除が望ましいのではないか。所得の多寡にかかわらず，一定の税額を直接減額できる税額控除は，低所得者層により減税の効果があり，そして年税額のない者に対しては，さらに差額の給付という意味で給付付き税額控除の導入が望ましいと考える。諸外国の成功例を参考に，制度導入への検討が望まれるところである。

注
1) 厚生労働省HP「女性活躍推進法特集ページ」（https://www.mhlw.go.jp/file/06-Seisakujouhou-11900000-Koyoukintoujidoukateikyoku/0000095826.pdf〔2024年3月1日訪問〕）。
2) 平成27年6月3日付け衆議院内閣委員会附帯決議（https://www.mhlw.go.jp/file/06-

Seisakujouhou-11900000-Koyoukintoujidoukateikyoku/0000091177.pdf〔2024 年 3 月 1 日訪問〕）。

3) 平成 27 年 8 月 25 日付け衆議院内閣委員会附帯決議（https://www.mhlw.go.jp/file/06-Seisakujouhou-11900000-Koyoukintoujidoukateikyoku/0000095828.pdf〔2024 年 3 月 1 日訪問〕）。

4) 「子ども・子育て支援法」（平成 24 年法律第 65 号），「就学前の子どもに関する教育，保育等の総合的な提供の推進に関する法律の一部を改正する法律」（平成 24 年法律第 66 号），「子ども・子育て支援法及び就学前の子どもに関する教育，保育等の総合的な提供の推進に関する法律の一部を改正する法律の施行に伴う関係法律の整備等に関する法律」（平成 24 年法律第 67 号）をいう。

5) OECD (2019), Economic Surveys：Japan 2019. これは，OECD 加盟各国の経済調査をまとめたものであり，その日本版である。

6) 平成 29 年改正の内容については，厚生労働省 HP（https://www.mhlw.go.jp/file/06-Seisakujouhou-11900000-Koyoukintoujidoukateikyoku/0000169736.pdf〔2021 年 3 月 1 日訪問〕）参照。

7) 厚生労働省「令和 3 年度　出生に関する統計の概況」2 頁（https://www.mhlw.go.jp/toukei/saikin/hw/jinkou/tokusyu/syussyo07/dl/01.pdf〔令和 6 年 3 月 29 日訪問〕）。

8) 平成 28 年 6 月 2 日付け閣議決定「ニッポン一億総活躍プラン」（https://www.kantei.go.jp/jp/singi/ichiokusoukatsuyaku/pdf/plan1.pdf〔2024 年 3 月 1 日訪問〕）

9) Thomas, A. and P. O'Reilly (2016), "The Impact of Tax and Benefit Systems on the Workforce Participation Incentives of Women", OECD Taxation Working Papers, No. 29, OECD Publishing, Paris.

10) OECD (2018), Japan：Promoting Inclusive Growth for an Aging Society, Better policies Series, OECD publishing, Paris.

11) OECD (2013), Recommendation of the Council on Gender Equality in Education, Employment and Entrepreneurship, OECD publishing, Paris. これは，「教育，雇用，起業家精神における男女共同参画評議会の 2013 年 OECD 勧告」と呼ばれるもので，同勧告は「教育における男女平等を促進する実践を採用し，父親と母親が労働時間と家族の責任のバランスをとることができる家族に優しい政策と労働条件を促進することを推奨しており，女性が民間及び公共部門の雇用により多く参加できるようにします。」とし，また，「意思決定の立場にある女性の代表を増やし，差別的な性別による賃金格差をなくし，職場でのセクハラを終わらせるための全ての適切な措置を促進することを推奨します。そして起業家活動における性差を減らし，恵まれない少数民族や移民女性からの女性の特別なニーズに注意を払います。」と勧告している。

12) 森信茂樹「少子化問題と税制を考える」季刊社会保障研究 43 巻 3 号 232 頁（2007）。

13) 金子宏『租税法〔第 24 版〕』210 頁（弘文堂 2021）。

14) 平成 14 年 6 月付け政府税制調査会「あるべき税制の構築に向けた基本方針」（http://www.tim.hi-ho.ne.jp/ssunaga/jtxts/140614.pdf〔2024 年 3 月 1 日訪問〕）。

15) 政府税制調査会「少子・高齢社会における税制のあり方」（平成 15 年 6 月）（https://www.mhlw.go.jp/shingi/2003/07/dl/s0704-5.pdf〔2024 年 3 月 1 日訪問〕）。

16)　平成17年6月付け政府税制調査会 基礎問題小委員会「個人所得課税に関する論点整理」
17)　伊藤公哉『アメリカ連邦税法〔第7版〕』352頁（中央経済社2019）。
18)　金子・前掲注13) 213頁。最低生活費非課税の問題や給付付き税額控除については膨大な先行研究があるが，同書208頁脚注9掲載の論稿など参照。
19)　ドイツ子育て政策，教育関連税制に関しては，ドイツ連邦 家庭高齢者女性青少年省HPを参照した（https://www.bmfsfj.de/bmfsfj/meta/en）〔令和6年3月29日訪問〕（ミュンヘン税理士会副会長ギュンター・ヘルムハーゲン氏からの聞き取りを含む）。

6 教育事業への経済支援における税制の問題点
——寄附金の所得税,法人税での取り扱いを中心として——

岩 武 一 郎
(熊本学園大学教授(当時)・税理士)

　はじめに

　教育,文化,スポーツ,科学技術・学術等の振興を図るには,公的な助成のみならず,民間からの寄附等による支援を促進していくことが重要である。このため,個人や企業が行った国や地方公共団体に対する寄附金のみならず,国立大学法人や公立大学法人,大学共同利用機関法人等に対する寄附金,学校法人や独立行政法人,国立研究開発法人等に対する寄附金については,幾つかの税制上の優遇措置が講じられている。[1]

　特に近年は,大学に対する国や地方団体からの運営交付金や補助金等は漸次削減されており,有能な研究者の確保や施設設備等の維持,研究資材等の調達に支障が生じているのではなかろうか。

　このようなことから,わが国における教育事業を支える役割において,民間が果たす役割は,ますます重要性が高まっているといえよう。

　本論文においては,このような問題意識の下,教育事業への経済支援について,個人が寄附を行う場面と企業が寄附を行う場面とに分けて現行の寄附税制の問題点を指摘し,そのあり方について論じるものである。

I　個人が寄附等の支援を行った場合

1　金銭の寄附の取り扱い
(1)　所得税法(以下「所法」という)における寄附金控除(所法78条)

　わが国の居住者である個人が,教育事業等に一定の要件をみたす寄附を行った場合には,所得控除としての寄附金控除が適用されることになる。

具体的には，居住者が，①国もしくは地方団体に対する寄附金，②公益社団法人等に対する寄附金で財務大臣が指定したもの（指定寄附金という），③特定公益増進法人（私立学校法に基づく学校法人はこれに含まれる）に対する寄附金を支出した場合には，特定寄附金として，その年中に支出した寄附金の合計額（その年度の合計所得金額の40％が限度とされている）から2000円を控除した金額が，その年分の合計所得金額から控除される。
　教育事業への寄附を行う場合に，寄附する学校等の種類によって，寄附金控除の要件は異なってくる。例えば，公立学校への寄附は，上記①に該当し，それがどのような業務に充てられるかといった，いわゆる業務関連性要件は必要とされない。これに対し，国立大学法人・公立学校法人等への寄附は，それが法人の研究教育活動に関わる業務に充てられるという業務関連性要件をみたすものに限って，上記②に財務大臣の指定がなされている。また私立学校法人への寄附は，災害による被害の復旧や学校法人が設置するものの敷地，校舎その他附属設備に充てられるという要件をみたすものに限って，上記③に該当することになる。さらに科学技術に関する試験研究を主たる目的とする研究法人への寄附は，試験研究の用に直接供する固定資産の取得のために充てられるという要件をみたすものについて，上記②に財務大臣の指定がされている。
　このように寄附する学校等の種類によって，異なる要件を設けていることが，寄附する個人からみるとわかりにくいという点は否定できず，学校等に対する寄附の阻害要因となってしまっている可能性があろう。
(2)　特別の利益がある場合の適用除外
　寄附に際して「特別な利益がその寄附をした者に及ぶと認められる」場合には（例えば，所法78条2項1号括弧書き等），寄附金控除の適用は受けられない。例えば，同項柱書括弧書きは，学校等に対して寄附した場合に「入学に関してする」寄附金は，控除の対象とならないことを規定する。
　この場合「入学に関してする」寄附とは具体的に何を指すのかが問題となる。通達は「入学に関してする」について「入学と相当の因果関係があるもの」という解釈を示している（所得税基本通達（以下「所基通」という）78－2前段）。この点について，通達は仮に入学辞退等によって結果的に入学しないこととなっ

た場合にでも，相当因果関係がなくなるわけではないとする（所基通78－3(1)）。したがって，ここでいう「入学」とは，実際に在学し始めることではなく，入学が可能になることを指していると考えることができよう。入学の際にする寄附の見返りとして，寄附をした者に特別の利益がある場合として想定されるのは，通常，学校等に入学可能になることであろうから，「特別の利益がその寄附をした者に及ぶと認められる」か否かの判断基準としては妥当な解釈であろう。[2]

　一方で，寄附金控除においては，入学に関して以外の何らかの利益を得る学校等に対する寄附は，適用除外とはされていない。例えば，在学している学校に対して運動施設を寄附して，自らが所属する学校の部活動の練習場所として，当該運動施設をもっぱら使用するといった場合でも，現行規定によれば寄附金控除の適用除外とはならないであろう。この点，寄附がある特定の人のためにばかり利用されるような場合を，寄附金控除の対象から除外するのではなく，入学に関するもののみに限定されている点には違和感を覚えるものである。[3]

(3)　寄附金特別税額控除制度

　上記の通り，公益的事業への寄附を奨励する租税優遇措置は，従来から所得控除の方式が採られてきたが，平成23年度税制改正で，市民公益税制（「新しい公共」に係る税制）として，いわゆる認定NPO法人ならびに一定の要件をみたす公益社団法人，公益財団法人，学校法人，社会福祉法人，更生保護法人，国・公立大学法人等に対する寄附について，寄附金特別税額控除制度が創設された。

　すなわち，これらの法人等に対する寄附については，納税者の選択により，通常の寄附金控除に代えて，その額のうち2000円を超える部分の金額の40%相当額の税額控除（控除限度額は，その年分の所得税額の25%）が認められる（租税特別措置法（以下「租特」という）41条の18の2第1項・2項，同法41条の18の2第1項）。

　寄附を奨励するための特別措置として，所得控除と税額控除のいずれが望ましいのかという点が従来から議論されてきた。[4]一般に，同じ金額の寄附に関しては，所得控除は高所得者に有利となり，税額控除は低所得者に有利となる。

寄附金特別税額控除制度の導入が「草の根の寄附を促進するため」という点にあったことからすると，低所得者に有利となる税額控除方式を導入したことは，政策目的に適合していると評価できよう。

(4) 相続税法における寄附の取り扱い

自らの財産を，自らの死後，遺言によって学校等に遺贈しようとする場合については相続税法において取り扱いが定められている。相続税法1条の3において，学校法人等に金銭を遺贈する場合（遺贈寄附）は，その相続に係る相続税において課税対象外となることが規定されている。

また，相続に際して相続人が一旦相続した財産を寄附する場合には，相続税の法定申告期限より前に一定の法人に寄附することで，相続税の課税対象外となることが租特70条において規定されている。この場合の一定の法人とは，国または地方団体，国立大学法人・公立大学法人・学校法人，公益社団法人および公益財団法人等を指す（租税特別措置法施行令（以下「措令」という）40条の3）。

このような場合には，寄附の目的や使途に関する制限はなく，パブリック・サポートテスト要件（租特41条の18の3第1項1号柱書括弧書き）もない。

2 金銭以外の資産の寄附の取り扱い

寄附金控除という文言からは，制度は金銭の寄附のみが優遇措置の対象としているような印象も受けるが，例えば租特40条19項が金銭以外の資産を優遇の対象としていることからすれば，金銭以外の資産の寄附も寄附金控除の対象となると考えるのが妥当であろう。金銭以外の資産の寄附をした場合，寄附金の金額は，資産の寄附の時における価額，すなわち時価によることとなる。

個人から法人に金銭以外の資産の寄附が行われた場合，無償の資産の譲渡となり，原則としてみなし譲渡課税（所法59条1項1号）の対象となるが，これに関しては寄附の相手方が国または地方団体である場合には，その資産の譲渡はなかったものとみなされ，みなし譲渡課税は行われないことが租特40条1項によって手当されている。

また，寄附の相手方が公益社団法人および公益財団法人や国立大学法人・公

立大学法人・学校法人である場合には，一定の要件をみたすとして国税庁長官の承認を受ければ，特例の適用が受けられることとなる（租特40条1項後段）。また特例の適用を受けた場合には，寄附金控除（所得控除）および寄附金特別控除（税額控除）における寄附金の支出額は，寄附の時における価額から山林所得，譲渡所得または雑所得の金額に相当する部分の金額（山林所得，譲渡所得の金額は，50万円の特別控除前の金額）を控除した金額によることとなっている（租特40条19項）。

国税庁長官の承認を得るためには通常3年程度の時間がかかるとされ，申請書類や添付書類の膨大さを併せ考えれば，非課税承認を受けるための納税者の負担は重いものがあり，この規定の活用が妨げられている要因となっていたと考えられるが[8]，公益社団法人および公益財団法人や国立大学法人・公立大学法人・学校法人に対する資産の寄附の場合には，申請書を提出した日から1ヶ月以内に，その申請について非課税承認がなかったとき，または承認しないことの決定がなかったときは，その申請について非課税承認があったものとみなされる自動承認の仕組みが設けられ（措令25条の17第7項，8項），このような措置によって納税者の負担はある程度軽減されることとなろう。

金銭以外の資産によって，遺贈寄附を行う場合や，相続人が相続した資産を寄附する場合の取り扱いは金銭による寄附を行う場合と同様である。

3 無償による役務の提供をした場合の取り扱い

ある個人が施設や設備を無償で貸し出したり，自らの時間と能力を利用して労務を提供し学校等を支援した，すなわち役務の無償提供を行った場合について，寄附金控除を適用できると考えられる余地はあるだろうか。

この点について理論的には，有償による役務提供の対価は課税所得に含まれるから，寄附金に対して所得控除を認めることによって，課税前の経済的利益を寄附できるようになるが，無償による役務提供においては，当初からその対価相当額に対して課税がされないことから，寄附金控除を認める必要はないことになる。

しかし，学校等に対して無償による役務提供を行うことは，単なる金銭によ

る支援に比べて，より強い思い入れが感じられることでもある。それにもかかわらず，金銭的支援に存する優遇措置が無償による役務提供には一見存在しないようにみえることは，教育等に対する人的支援を阻害しかねないともいえる。

そもそも寄附税制が，一種の特別措置として説明されることからすると，無償による役務提供に対しても何らかの形で優遇措置を講じることが望ましい。無償の役務提供を行う者に対して，強いメッセージを与えることが必要であろう[9]。

Ⅱ　企業が寄附等の支援を行った場合

1　法人税の寄附金税制の概要

(1)　寄附金の範囲と区分

法人税法上，寄附金とは，その名義のいかんを問わず，金銭その他の資産または経済的利益の贈与または無償の供与等をいうとされている（法人税法（以下「法法」という）37条7項）。

寄附金が法人の収益を生み出すのに必要な費用といえるか，または単なる利益処分といえるかどうかは，きわめて判定の困難な問題である。したがって法人税法上は，行政的便宜ならびに公平の維持の観点から，寄附金を四つの区分に分け（同条4項），それらの区分ごとに統一的な損金算入限度額を設け，寄附金の金額のうちそれを超える部分の金額は損金不算入とする取り扱いを定めている（同条1項）。

(2)　寄附金の区分ごとの取り扱い

具体的に寄附金の区分ごとの取り扱いは以下の通りである。

まず，国または地方団体に対する寄附金（同条3項1号）は全額が損金算入となり，控除限度額等の制限もない。例えば，公立高校や公立中学等への寄附金がこれに該当することになる。

次に公益社団法人，公益財団法人，その他公益を目的とする事業を行う法人等に対する寄附金のうち，次の二つの要件の両方をみたすとして，財務大臣が指定したものは，指定寄附金（同条3項2号）と呼ばれ，全額が損金算入される。二つの要件とは，①広く一般に募集されていること，②教育または科学の振興，

文化の向上，社会福祉への貢献その他公益の増進に寄与するための支出で緊急を要するものに充てられることが確実であること，となっている。

さらに，特定公益増進法人に対する寄附金でその法人の主たる目的である業務に関連するもの（同条4項）については，損金算入限度額が次の算式で計算されることになる。

　　損金算入限度額＝（資本金等の額の0.375％＋所得金額の6.25％）×1／2

特定公益増進法人とは，具体的には，独立行政法人や一定の地方独立行政法人，日本赤十字社，公益社団法人，公益財団法人，学校法人，社会福祉法人，更生保護法人等のうち，教育または科学の振興，文化の向上，社会福祉への貢献その他公益の増進に著しく寄与する法人をいう（法人税法施行令（以下「法令」という）77条）。例えば，学校法人に対する教育事業への寄附金（出資業務に充てられることが明らかなものは除外される）が該当する。

最後に上記①〜③に該当しない寄附金は一般寄附金（同条1項）と呼ばれ，損金算入限度額は次の算式で計算される。

　　損金算入限度額＝（資本金等の額の0.25％＋所得金額の2.5％）×1／4

一般寄附金には，例えば，学校法人の出資業務のための寄附金が該当する。

2 指定寄附金と特定公益増進法人に対する寄附金の関係

(1) 指定寄附金

上記の通り，教育事業に係る寄附金税制において，寄附金が指定寄附金に該当する場合と特定公益増進法人に該当する場合では，寄附を行う企業にとっては租税負担に差が生じることになる。このことは，教育事業への寄附に対する法人のインセンティブに相違が生じる可能性をうかがわせるものである[10]。そこで，指定寄附金の指定の方法について教育事業に関係がある部分をやや細かくみてみよう。

財務大臣が行う指定には包括指定と個別指定とがある。包括指定とは，財務大臣がその職権により一般包括的に行う指定である。包括指定されている寄附金には，学校教育関係，試験研究関係，共同募金関係，日本赤十字関係がある。このうち，学校教育関係の詳細は，以下の通りである。

（第1号）国立大学法人等の業務に充てられる寄附金
　　・国立大学法人，公立大学法人等
（第1号の2）学校の校舎その他附属設備の災害復旧のための寄附金
　　・学校法人，私立学校法64条法人が設置する学校，専修学校
（第2号）学校の敷地，校舎その他附属設備に充てる寄附金
　　・学校法人，私立学校法64条法人が設置する学校，専修学校
（第2号の2）日本私立学校振興・共済事業団への寄附金
　　・学校法人，私立学校法64条法人が設置する学校，専修学校の教育に必要な費用，基金に充てられるもの
（第2号の3）独立行政法人日本学生支援機構に対する寄附金

　このような包括指定の取り扱いについては，国立大学法人や公立大学法人等と，私立学校法人等とでは，その寄附金の内容について相違がみられ，私立学校等に対する寄附金にはかなりの制約が課されていると考えられる。
　次に個別指定とは，募金団体である公益法人の申請を参考にして，その寄附金の使途や目標額，募集目的，募集区域およびその対象者，募集期間や寄附金の管理方法等の諸事項を個別に審査し指定を行う方法である。例えば，コロナ禍のもとにおいては，令和2年6月19日付けで，社会福祉事業に関する民間団体等が，コロナ禍のために日常生活に支障が生じている者等を支援するために，社会福祉法人中央共同募金会に対して行う寄附金や新型コロナウイルス感染症対策等支援活動を行う公益社団法人や公益財団法人に対して，その支援活動に特に必要となる費用に充てるために行われる寄附金等について，個別指定が行われている。

(2)　受配者指定寄附金制度

　上述の通り，教育事業に係る寄附金税制において，指定寄附金に該当する場合と特定公益増進法人に該当する場合では，寄附を行う企業にとっては租税負担に差が生じることになり，また指定寄附金の取り扱いにおいても，特に私立学校等に対する寄附金にはかなりの制約が課されているところである。
　しかし，上記指定寄附金の包括指定第2号の2の日本私立学校振興・共済事業団への寄附金の形を採りながら，その寄附金を寄附者が指定した学校法人へ

寄附をすることができる受配者指定寄附金制度といわれるものが存在する。

この制度を利用すれば，損金算入限度額が存在する特定公益増進法人への寄附を行わずに，日本私立学校振興・共済事業団を通じて間接的に希望する学校法人等を寄附することで寄附金の全額損金算入が可能となる。いわば，特定公益増進法人への寄附金が，税制上実質的に指定寄附金として取り扱われることを意味している[11]。

平成16年以後のこの制度においては，日本私立学校振興・共済事業団の事前承認は不要であり，寄附者は，募集期間の制限なく，随時，寄附を行うことができる。また，学校法人が寄附者から寄附金を取りまとめて事業団に入金することもできるし，寄附者が直接入金することもできる。さらに，寄附は金銭以外に有価証券等によることも可能であるという取り扱いとなっており，寄附者にとっても，さらには寄附を受ける私立学校法人にとっても利用しやすい制度であるといえるであろう。したがって，私立学校にとっては，外部資金の導入が促進され，財政基盤の強化がなされ，教育研究活動の活性化にもつながることが期待されよう。一方で，この制度の存在によって，特定公益増進法人の区分における私立学校法人に対する制約された取り扱いについては形骸化することになる。現行規定の整理を行う必要があるとも考えられる。

Ⅲ 寄附金税制のあり方の検討

1 所得税における問題点

以上，検討してきたように，個人が教育事業に寄附をした場合には，金銭の寄附をした場合でも，所得控除である寄附金控除と税額控除である寄附金特別控除との間で控除が認められる要件は異なっている。

また，寄附のタイミングに関して，生前に寄附をするか死亡時に遺贈をするか死亡後に相続人が寄附をするかによっても，学校等に対する支援に対して受けられる取り扱いは変わってくることとなる。

このように，金銭による寄附の場合だけをみても，寄附税制においては要件に統一性がなく，寄附を行う者に対して複雑でわかりにくい税制となっているのではないか。このようなことが，寄附を行おうとする者のインセンティブを

下げることになるのではなかろうか。すなわち，寄附による租税負担減少額だけでなく，わかりやすい寄附税制を再構築し，寄附等を促進するインセンティブの向上を図るという視点も必要であろう。

また，前述の通り，無償による役務提供に対して税制上の優遇措置の手当が必要ではないかと思われる。

2 法人税における問題点

前述の通り，指定寄附金における包括指定の取り扱いについては，国立大学法人や公立大学法人等と，私立学校法人等とでは，その寄附金の内容について相違がみられ，私立学校等に対する寄附金にはかなりの制約が課されていると考えられる。

しかしこの点については，受配者指定寄附金制度の活用により，ある程度の問題の解消が図られるものと評価できよう。

3 寄附等を促進するインセンティブ

各税目別には，上記の問題点を指摘できるとしても，そもそも国際的に比較して顕著に低い財源しか有しないといわれる，わが国の諸大学等の財政基盤の再建を図るためには，現状よりも更に寄附を促進させる税制上の手当が必要である。

ところでふるさと納税制度は，その寄附金総額を 2008 年の制度開始時の 72.6 億円から 2021 年には 7682 億円に拡大させている。ここまで寄附金総額が拡大した理由としては，税制上の優遇措置の拡大や，ワンストップ特例制度の導入などによる制度の利用のしやすさの向上などがあげられるが，なんといってもこの制度が，寄附者に対して通常の寄附金控除による租税負担軽減効果に加えて，わずかな負担で多額の返礼品を受け取れるという経済的利益を与えるという点が，寄附のインセンティブを高めている最大の要因であろう[12]。このようなことから考えると，例えば教育事業に対する寄附についてその寄附金の額を所得控除もしくは税額控除し，寄附金の額に見合った租税負担軽減効果を寄附者に与えたとしても，それは寄附を促進するインセンティブとしては不十分であ

るといえるのではなかろうか。
　したがって，所得税においては寄附額から2000円を控除した額が所得控除の対象となり，また法人税においては国または地方団体に対する寄附金や指定寄附金は全額損金算入されるが，これでは不十分であり，例えば寄附等を行うインセンティブを向上するためには，寄附金の額の150％や200％の金額を課税所得から控除するような措置を設ける必要があるように思われる。
　アメリカにおいては，大学への個人寄附について，株式で寄附をした際に適用される大幅な税制優遇制度が存在する。すなわちわが国とアメリカの株式の寄附をした場合の税制上の優遇措置を比較した時，アメリカでは，そのキャピタルゲインに対する課税が免除されるのみならず，当該寄附資産の時価額での所得控除を認めている。これにより，アメリカでは株式市場の拡大時に非常に大きな寄附へのインセンティブが生まれる。わが国においても金銭以外の株式等の寄附が近年注目され，みなし譲渡所得税の非課税措置に関する手続きの簡素化等がなされているが，時価額での所得控除は認められていない。株式形態での寄附をする寄附者は富裕者層に多いことが指摘されており，ここにも大口寄附者へのインセンティブを制度面から支えようとする考え方がアメリカにおいてみられる[13]。

おわりに

　わが国においては，教育事業に対して主に行政が資金配分の権限を握っているのが現状であるが，特に大学に対する国や地方団体からの運営交付金や補助金等は削減されつつあることについては，前述の通りである。したがって，わが国における教育事業を支える基盤の脆弱化の問題の解決を，国や地方団体等の行政に対してのみ求めるのではなく，民間を巻き込んだ社会全体のシステムの中で検討することが必要となる[14]。
　また，価値観の多様化が進展する中で，効率的な資金の再配分を図る手段として，民間の寄附を促進することは有効な手段であるし，また民間が教育事業の資金の主な担い手となることは，例えば大学の独立性を図る上でも望ましいことであろう。

そのようなことから，現行の寄附税制を寄附者にとってわかりやすく，使い勝手の良いものに再構築し，寄附に対するインセンティブを高める方策を採ることは，政策目的の妥当性という観点から正当化されるべきものであると考える。

注
1) これらの寄附税制は，公益的事業への個人または法人の寄附を奨励することを目的としており，その意味で一種の特別措置であるとされる。金子宏『租税法第 24 版』（弘文堂，2021 年）218 頁，416 頁。
2) 橋本彩「個人が教育事業に寄附その他の支援を行った場合の税制のあり方」税研 219 号（2021 年）46 頁。
3) 酒井克彦「学校への寄附と所得税法上の寄附金控除の適用問題─寄附金控除に係る解釈論上の諸問題（1）」税務弘報 58 巻 8 号（2010 年）136 頁。
4) このような議論については，酒井克彦「寄附金控除の今日的意義と役割（下）」税務弘報 58 巻 4 号（2010 年）140 頁や，奥谷健「寄附税制の現状と課題─個人所得税」税研 157 号（2011 年）35 頁参照。
5) 政府税制調査会「市民公益税制プロジェクトチーム報告書」（2010 年）4 頁。
6) 橋本・前掲注（2）47 頁。
7) 増井良啓「個人のボランティア活動と寄付金控除」税務事例研究 55 号（2000 年）47 頁。
8) 平松慎矢「公益法人等への財産寄附と非課税特例の活用ポイント（上）」税理 57 巻 9 号（2014 年）186 頁。
9) 橋本・前掲注（2）49 頁。
10) 齋藤真哉「企業が教育事業に寄附その他の支援を行った場合の税制のあり方」税研 219 号（2021 年）52 頁。
11) 齋藤・前掲（10）53 頁。
12) 橋本恭之「ふるさと納税制度の財政的な効果・影響の検証」都市とガバナンス 40 号（2023 年）19 頁。
13) 福井文威「日米の寄附税制─試論：草の根的な寄附を支える日本　大口寄附を支える米国」アルカディア学報 639 号（2019 年）2 頁。
14) 齋藤・前掲注（10）50 頁。

7 討論 雇用・教育と税制

〔司会〕
　長島　弘（立正大学）
〔討論参加者〕
　石川　緑（税理士）／石村耕治（白鷗大学）／岩武一郎（熊本学園大学）／大城隼人（青山学院大学）／湖東京至（税理士）／武田浩明（旭川市立大学）／成田元男（米国税理士）／長谷川記央（税理士）／藤間大順（神奈川大学）／松田周平（税理士）／望月　爾（立命館大学）／本村大輔（環太平洋大学）／八代　司（税理士）　＊所属・肩書等は討論時

司会　最初に大城会員の報告に対して石村理事長より質問が出ておりますので，石村理事長，質問の内容を改めて手短にお話しください。

石村（白鷗大学）　大城会員は予備報告会にも参加されて，労働者分類を含めて，税法上の論点を精査されて非常に感謝しております。今回の報告のメインターゲットは，いわゆる独立契約者（一人親方，自営業者）というよりも，むしろ給与所得者，従業者に絞ったというのもよかったと思います。ただ，従業者の場合は，昨日もいろいろ報告があったように，業務に係る雑収入があります。人によっては資料が多くて，ほかの，例えば本村会員とか武田会員のほうはすっきり税法上の論点を並べているのですが，なかなか理解しにくいのですね。ですから，もし仮にできれば，例えば参加者が理解しやすくするためには，1つか2つ具体的な課税事例を挙げて説明されるとわかりやすかったと思います。そこで例えば，Aはオーストラリアに交換教授として――租税条約上，オーストラリアの場合はちょっと違うのですが，交換教授免税適用として2年間滞在して，その後，日本での授業はオンラインで継続しています。時折日本のテレビ局にスカイプでオンライン出演して，日本のテレビ局各社は出演料の支払いの際に源泉所得税を天引き徴収しています。消費税額も上乗せ支払いをしています。Aは消費税の事業者登録をしています。デジタルノマドワークをしているAの源泉所得税や申告所得税，消費税の納税地を含む課税取扱いはどうなるかというふうなイメージでまとめられるとよかったと思います。それに関わって，所得税法上の居住地の概念とか租

税条約上のとか，別にオーストラリアでなくてもアメリカでもどこでもいいから，そういう説明をされてはいかがかと思います。例えば日本のオンラインワークについて，今回の報告，これは資料としてはいいのですが，税法上の論点を絞って，皆さん税金のプロですから，評論ではなく税金のところを税のプロ用にまとめてほしいというのが私の感想です。

大城（青山学院大学） デジタルノマドという課題について，本来であれば石村理事長のご指摘のようにケーススタディを用いたほうがよかったのかなと思います。ケーススタディも役員の場合などがあるかというのでいろいろなパターンがあるかと思います。ただし，時間も限られておりますので，いただいたご質問の課税事例についてどういった取扱いになるかというのを簡略に説明したいと思います。

まずは，オーストラリアの交換教授として2年間滞在し，リモートワークということで，これも基本的には2年間免除になります。しかし，条約によっては，租税条約届出書の学生欄プラス居住者証明の提出も必要になります。それを提出することによって2年間免除になります。

続いて，日本の授業をオンラインで継続し，日本のテレビ局から支払いがあったということで，基本的には居住者・非居住者かの判定もあるのですが，183日以内であれば非居住者で，ビザも含めてずっと日本であるのであれば居住者という形で国内源泉ということで，国内源泉所得として扱います。

居住者と非居住者の源泉に関しては，非居住者については各国租税政策によって源泉徴収率が違いますので，今回のこのケースであれば，国内で居住者と税率は一緒なのですが，非居住者の源泉徴収率は20.42％，条約では地方税を含みませんが，そういったものを差し引いて取り扱うことになります。

そして，最後に，どこで申告義務が生じるかということですが，基本的には居住者・非居住者の判定を行って，日本であれば日本で確定申告，オーストラリアであればオーストラリアで申告ということになります。日本で仮にやる場合には，居住証明を，居住者証明のコピーを取って，イメージ添付で提出するという申告になると思います。

石村（白鴎大学） 消費税については？

大城（青山学院大学） 消費税についてですが，個人的には消費税は課税対象ですが，本当に一番大きいのは，こういったオンラインでやると，我々プロフェッショナルがやるサービス，役務提供が，その対価がいくらか，契約に基づいてやるかということで，本当にプロモーターからすると契約の細分化を行ってきますので，実態としてどういうふうに捉えていくかというのが大事かなと個人的には思っております。

もう1点，追加させていただくならば，本当にこれは外国人を受け入れるという

ことになるのであれば，外国人は思っているより出稼ぎに来ていますので，エンジニアも含めて所得も非常に大きくなります。そういった外国人が日本で稼ぎに来るということになると，パフォーマンス・シェア（業績連動型給与）であったりストック・オプションを必ず持ってくると思って接したほうがいいと思いますので，今回は1つの例ですが，本当はこの点も警戒しないといけません。しかも，このストック・オプションも，どこの国のどの型でやるかというのも，本当は現場では非常に判断に苦労しているところになります。

　今回は，ノマドワークという形で消費税の納税地ですが，これもどこの管轄にするかという管轄の判定も大事になってくると思います。

石村（白鷗大学）　仕向地課税主義との関連で，特にこういうオンラインのサービスについて，オーストラリアも仕向地課税主義です。アメリカ連邦のVATはありませんので，この処理ではないですから，そこのところをもしお分かりになればお答えください。

大城（青山学院大学）　これは確かに石村理事長のおっしゃりたいことは，我々としては重々認識していますが，これもあくまで制度ですので，異論はあるのですが，時の政権がどの制度を採用するかによっても右左されると私は考えております。

石村（白鷗大学）　ですから，資料を羅列するよりは，そういう形で皆さんに分かりやすいように最終報告をまとめていただいたほうがよかったと思います。よろしくお願いいたします。

司会　次に，望月会員から大城会員に質問が出ております。望月会員よろしくお願いします。

望月（立命館大学）　大城会員のご報告の中で，現状の居住者・非居住者の区分の話の中で住所概念というのが，今もって1つの判断基準になっていて，これはノマドワーク以前の，いわゆる「パーペチュアル・トラベラー（永遠の旅行者）」についても同じことがいえるのですが，こういった住所による居住・非居住の判断，あるいは国籍も含めて人を個々に追っていくということが限界に来ているように思います。これはOECDのデジタル課税の見直しの議論でも，個々の企業を追うのではなくて企業グループで税配分を考えるようになっています。ですから，大城会員のご報告の中でも少しそういうお話があったと思うのですが，国際課税における個人を，どのように今後捉えていくべきか。話としては大きな話になるのですが，住所によって把握すること自体が限界で，それを踏まえて，大城会員がもしお考えがあればご回答いただければと思います。

大城（青山学院大学）　望月会員のご指摘のとおりかと思います。こういった国際課税原則，また居住者概念を，各国，従来どおり進んできたのですが，やはり

なんの進展もしていないし，住所，そして人は実際にずっとそこにいるわけではありませんので，当然ながら移動していきますから，居所でしか把握できないということで，本当に実態を捉えるためにはどうしたらいいのかということで，各国苦労しているところであって，この点の議論がまだ終わっていないところでもあるので，本当に決定打はないのかなというのが，現状の回答です。

今後，本格的に見直しを進めるのであれば，執行の面も含めて課税自主権ということで，執行も含めるといった現実に取引が行われて，実際にどこで価値が実現しているか，そこらへんの把握も大事になると思いますので，これについても，まだ私も研究を深めていきたいと思います。

望月 わかりました。今後の研究を期待いたします。

司会 大城会員への質問は以上になります。続きまして，本村会員への質問は4人の方から出ておりますが，まずは湖東会員より質問が出ておりますので，簡単にご説明ください。

湖東（税理士） 本村会員のギグワーカーの雇用の実態のお話などいただきました。問題は，ギグワーカー，フリーランスという人たちが何人ぐらいいるのかという話をお聞かせいただければと思っております。

政府は国会答弁で，フリーランスがだいたい400万人ぐらいとか460万人とかいっております。そのうちインボイスの登録をするのは160万人しかいないといっているのですが，これはわざと小さく見せているのではないかと疑っております。被害者はそんなにいないという政府のスタンスですね。もっとたくさんいるのではないかと思うのですが，本村会員は何人ぐらいと考えるかということをお教えいただければと思います。

参考までにランサーズの調査によると，全然関係ない資料として聞いた話なのですが，副業系のフリーランスといって，サラリーマンで空いた時間に働いている人たちが約400万人，それから，ダブルで働いている複業系フリーランスというサラリーマンではなくて2か所以上で特殊な技能を持って働いているフリーランスの方が350万人もいるそうです。自由業系フリーランスといって，これは文化や芸能関係，芸術関係で働くフリーランスの方もいます。俳優さんとかアニメーターとか漫画家とか，こういう人たちが300万人はいるのではないか。以上合わせても，ランサーズの調査によるとフリーランス全体では1,000万人を超えているといっているのですが，このランサーズの調査は正しいのかどうか，資料があったら教えてください。

本村（環太平洋大学） ギグワーカーの雇用実態で，ギグワーカーはいったい何人ぐらいかというご質問についてですが，私が調べたところでは，先生のご質問にあった400万人というデータは得ること

ができておりませんでしたが，先生にお示しいただいた2021年時点のランサーズの調査によれば，約300万人はギグワーカーがいるということまでは調査で追えておりました。しかしながら，これ以上にギグワーカーがいるのではないかというご質問かと思います。私も湖東会員と同様に，この数については400万人以上はいると思います。というのも，いまだ現在進行形でギグワーカーの人数は増え続けていると推測されるからです。

というのも，正直なところ，私のゼミ生もアルバイトをしているのですが，アルバイトで思ったようにシフトに入れないようです。何とかその隙間の時間を利用して仕事を入れてアルバイト代の足しにしたい，学費の足しにしたいという学生がおりました。話を少し聞いてみると，こういったギグワーカーが単発の仕事を得るためには，1つのアプリのみならず複数のアプリを活用しないと自分の空き時間を有効に埋めることができないと述べておりました。したがって，複数のアプリを使用していますので，各アプリ間で重複しているギグワーカーも当然にいようかと思います。そのような重複を引いていけば人数も減っていこうかとは思われるのですが，実際においては，やはり潜在的にというか，現在進行形でギグワーカーの数は実感として増えている印象です。

また，今回のギグワーカーの定義からは少しそれようかと思うのですが，こういったアプリを通じて単発の仕事をする。その一方で単発の仕事をしながら仕事先で知り合った人の紹介で仕事を得る場合もございます。例えば解体業で単発の仕事を得ている人の話を聞くことができたのですが，当初，入り口としてはアプリから入るのですが，その後，その職場に何度か通うようになって，その人づてにアプリを通さずに仕事を得る場合もあります。というのも，アプリを通じてしまいますと，当然，手数料等もかかってきますので，これをカットするために人づてに仕事を得ることも少なくないようです。そうすると，ギグワーカーとはいえないのですが，単発の仕事を得ている人はデータ以上に存在していることが推測されます。

というところで，回答になっているか分かりませんが，私からの回答とさせていただきます。

湖東（税理士） 実際はもっといるということですね。わかりました。

司会 続きまして，石村理事長からギグワーカーの課税上の取扱いについて質問が出ております。

石村（白鷗大学） ギグワーカーが，IT企業が運営する就労仲介型のデジタルプラットフォームにスマホアプリでログインして，オンデマンドでフードデリバリーで自転車やバイクの自用車を使う，それから，今度またライドシェアを解禁しようという話もあります。つまり，自用車，特に乗用車の相乗りも解禁しようと

いうことに，政府は急ピッチにこの仕組みを進めています。私は税法上の問題だけ聞きたいのですが，所得税法上，請負契約に基づく事業性（事業・雑）の所得なのか，雇用契約に基づく給与所得なのかが問われますが，事業性の所得であれば，当然，消費税法上の問題も出てきますよね。そして，IT企業は独禁法の抵触を気にしながら，一生懸命インボイス制度への変換に伴ってギグワーカーに課税事業者登録を推奨しているのですね。背景には，もう1つの問題として，いわゆる請負契約者として労働者分類されれば，雇用主としての労災や雇用保険など社会保障料負担を回避できるという読みがあるのです。こうした労働コストの切下げとか消費者やIT企業の利益を図るような新自由主義的なビジネスモデルには，止められないのですが，功罪があります。「市場の自由」というものを重視しながら，しかも，その一方で働いても貧しいギグワーカーの生活保障をする税制支援の仕組みは考えられるのか，諸外国ではどうなのだということをお聞きしたいのですね。ですから，必ずしもこのビジネスモデルをノーと考えないで，現在はフードデリバリーだけなのですが，これから当然，業法で規制されている白タクの自由化ともいえるライドシェアも含めて考えた場合，諸外国ではどういう税制があるかということをお聞きしたいと思います。

本村（環太平洋大学） 石村理事長からご質問を事前にいただいていたのですが，大変難しい宿題として，そこから調査等を行ってきました。有効な回答になるかは分かりませんが，私が現時点で回答できる範囲でご回答させていただければと思います。

このギグワーカーをめぐって税制・社会保障制度とギグワーカーの雇用実態とのミスマッチが起きています。その中で，無申告，過少申告といったタックスギャップの拡大であったり，事業者や給与所得者の税負担の公平であったり，さらには申告の問題が生じているところです。そこで，ギグワーカーの就労仲介型のデジタルプラットフォームを通じて得た収入につきましては，その請負契約に基づく事業性（事業・雑）所得なのか，そして雇用契約に基づく給与所得に当たるのかにつきましては，ギグワーカーの「労働者性」の問題として論じられている国が多くありました。したがって，この石村理事長ご指摘のプラットフォームを提供する企業側からすれば，雇用主としての労災であったり社会保障負担を回避する目的から，雇用契約ではなくギグワーカー自体を個人事業主として形式的に請負契約を結ぶ傾向にあろうかと思います。

そして，例えば今回の報告で挙げました，厳密にはギグワーカーではないのですが，アマゾンの場合を少し調べてみますと，この場合，アマゾンの配送業者はデリバリープロバイダーとアマゾンフレックスとに分けられているようです。そ

こからアマゾンが契約する個人事業主の配送ドライバーは「アマゾンフレックス」と呼ばれるようで，この仕事を受注するためには，正式に貨物軽自動車運送事業者としての届出を受けることが条件になっているそうです。そうでなければ仕事を受注できません。したがって，個人事業主にならざるを得ないことになります。そういった状況に置かれています。アマゾンジャパンの場合につきましては，1次，2次の下請をして業務委託契約を結んで個人事業主としてドライバーを働かせています。しかしながら，その実態は指揮命令下にあるというところが，報告でも指摘しました労災認定にもつながってこようかと思います。

これに対して欧米につきましては，これを形式的な請負契約ではなくて労働契約として扱う動きが広がっています。例えばイギリスにおいては，労務供給者を3つのカテゴリーに分けているようです。その1つが，全ての労働立法の適用対象となる労働者，2つ目が，一部の労働立法の適用対象となる就労者，そして3つ目が労働立法の適用のない自営業者とに位置づけて，3区分方式というようですが，この3区分に分類することによって労働保障の適用対象を広げていこうというような動きになっているようです。

ここから税制支援についても調べていたのですが，税制支援の仕組みを講じている国の実態までは調べることができずに，追えたところでいいますと，アメリカではギグワーカーを源泉の対象にするかどうかというところで議論があって，その中で，昨年，法案が提出されたというところまでは追えました。また，一方で，今回，AB5のカリフォルニア州の話をしましたが，先ほど石村理事長にもご教授いただきましたとおり，実はこのAB5をめぐっては住民投票が起こって，これについてはUberもかなり資金投資をしたようですが，反対運動が巻き起こってひっくり返されるというような状況になっています。

そのほかの税制支援の仕組みにつきましては，今後検討課題とさせていただければと思います。

司会 続きまして，松田会員より2点質問が出ていますが，ギグワーカーのほうの2つ目を先にお話しいただけますか。

松田（税理士） 本村会員，武田会員にも関連するところかと思うのですが，雑所得の範囲の問題などはよく分かったのですが，ずばりといいますか，どうあるべきかというところのご意見を伺いたかったのです。つまり，本村会員は前半のところで労災認定という話もされましたので，私は給与所得控除の適用でもいいのかなと思っています。ただ，給与所得控除の性格については，現行，経費の概算控除ということがいわれていますが，昔は4つの性格ということで利子性の問題と所得の把握の問題，それと勤労性ということで，たしか昔，税調が給与所得控除については4つの性格があるといっ

117

ていました。今回このギグワーカーについていうならば，概算経費と勤労性という意味では一致しているので，必ずしも給与所得控除の現行がいいかどうかは別として，さもなくば概算控除的な形を認めるべきなのかなと私は思っているのですが，その点について本村会員と，後で武田会員ももしご意見があればお願いしたいと思います。

本村（環太平洋大学） 松田会員のご質問にありましたどのような提言ができるかということと給与所得控除の適用にすべきかどうかという点ですが，本報告の問題意識としてギグワーカーの所得が給与所得に該当するのではないかという思いがありまして，「労働者性」の問題を検討していたものです。そこで給与所得と事業所得の分類，雑所得と事業所得の区分の問題がありましたので，これをいかにギグワーカーを通じて検討していくかというところで，今回の報告は，雑所得に対する通達の制定経緯と，消費税と所得税との連結性の問題を私なりに検討して点検をしていくという作業に終始してしまいました。そのため，今後どういった提言ができるのか，本報告の内容を有効かつ積極的な提言に高めていけるように引き続き検討を行っていきたいと思います。

司会 武田会員にも今の点の質問がありましたので，ただ，事前に質問用紙はありませんので，もしお答えになるならばお願いします。

武田（旭川市立大学） 私の考えからすると，基本的には給与所得でも雑所得でもいずれでも構わないと思っています。問題の根幹にあるのは，結局，労働者自身が企業側の雇用形態なのか，業務委託契約なのかというところに縛られていて，選択ができないところに問題があるのであって，いずれにせよ，納税者自身が選択できる状況にあるならば，問題は解決すると思っています。その上で概算経費についてですが，それについては私は反対です。やはり概算経費というのは，適正な期間損益計算という論点からしますと，当然，数字のずれは必ず出てきますので，納税負担を適正に考えるのであれば，きちんと帳簿をつけて実額で計算すべきと私は考えています。

司会 では，続きまして松田会員に1つ目のインボイスに関する質問が本村会員にあと3つありますので，まずその1つ目は，このまま松田会員に質問をお願いいたします。

松田（税理士） 質問用紙に書いたとおりですが，たしか本村会員の報告では，インボイスの導入の理由が「免税事業者の益税対策」という文言があったのですが，そこの確認と，それを肯定的に考えられているのかどうなのかということをお聞きしたかったということです。

本村（環太平洋大学） インボイスの益税対策という部分への指摘ですが，これはあくまで国側の意見であって，これを肯定的に取っているわけではありません。

次の質問にもつながってくるところですが，ここでは否定的に捉えているということでご理解いただければと思います。

司会 続きまして八代会員から同じく本村会員に対してインボイス関連の質問が出ています。

八代（税理士） 本村会員から報告されました3.3インボイス制度の激変緩和措置の特例1のところの免税事業者からの仕入れに係る経過措置，「2割特例」云々，その後3年間は5割特例と記載されていますが，①と②の書き方ですが，②で「ただし，免税事業者が登録事業者選択をしている場合に限り，適用」と記載されているのですが，この意味が私にはちょっと理解できません。免税事業者からの支援に係る経過措置のことをおっしゃっているのかなと思いますが，そうだとするならば，区分記載請求書の保存と，帳簿には「80％控除対象」，3年後には「50％控除対象」の記載・表示などを要件としているわけですよね。ですから，この経過措置自体はインボイス発行事業者以外の者からの仕入れについて適用されるわけですから，この②の記載の仕方についてご説明をしていただければと思います。

あともう1点，インボイス制度が実際，10月から導入されているわけですが，政府は，複数税率がある中で適正な課税を行うと説明はされているのですが，この激変緩和措置によって，今また実務が大変複雑になって，これでは立法の趣旨そのものが私にはよく分からない部分があるのですが，適正な課税にはもう合致しないのではないかと思います。

さらに，本村会員は紹介していますが，返還インボイスそのものは，一番多いのは振込手数料のことだと思うのですが，これはご承知のとおり無期限の措置で，インボイスの発行不要措置は銀行対策ではないかと巷ではいわれています。さらに，通達でもないインボイスのQ&Aがどんどん増えていっているわけですよね。だから，そういうことについて本村会員はどのように考えていらっしゃるのか，ぜひお聞かせ願えればと思います。

本村（環太平洋大学） まず1点目の質問につきましては，私のほうで準備していたスライドの内容に間違いがありましたので，おわびして訂正をさせていただきます。ご指摘の部分ですが，まず，免税事業者からの仕入れに係る経過措置として，こちらが仕入税額相当額の80％が令和5年10月1日から令和8年9月30日，50％が令和8年10月1日以降から令和11年9月30日，そしてこの要件が帳簿の保存と請求等であるということ，そして，その根拠として改正法附則の52条と53条が挙げられます。そして，これとは別に小規模事業者に係る税額控除に係る経過措置といたしまして，こちらが令和5年10月1日から令和8年9月30日までの間につきまして，税額計算のところで売上げに係る消費税額から特別控除税額を引いたもの，いわゆる納

付税額は売上げの2割というのが「2割特例」に当たるというところで，根拠になるのが平成28年附則51条の2の1項と2項ということでしっかりと分けるべきところを，内容を間違ってお示ししましたので，おわびして訂正をさせていただきます。

そして，2点目について，いわゆる返還インボイスの点について，適正な課税に合致していないのではないかというご指摘ですが，2点目と3点目，このような措置について，経過措置もあります。その中で，今回，ある返還インボイス，そして先生が最後にご指摘のインボイスQ&Aも実に130件に上るまでに至っております。その中で，このインボイス制度，ただでさえ実務では大変な苦労の中，混乱が生じています。その中で，新制度に対する対応・準備で大変なところ，そして複雑な制度にもかかわらず，このように経過措置であったり激変緩和措置を多く続けて入れていくことによって，いわゆるインボイス制度それ自体が形骸化してきているということにつながってこようかと思います。

というところで回答になっているか分かりませんが，私からの回答は以上とさせていただきます。

司会 ここでの質問は「ギグワーカーと所得課税・消費課税」ですから，範囲が広がりすぎています。ですから，今の回答で十分だと思います。本村会員への質問は以上です。

続きまして，武田会員への質問になります。まず，湖東会員よりの質問をお願いいたします。

湖東（税理士） 私から武田会員にお伺いしたいことがあります。武田会員は細かく小規模事業者の現行法と，これからインボイスが入ってどうなるかということをご説明いただきました。そこで，収支内訳書というのがありまして，これは実際に出している人が少ないのですね。白色の事業者は基本的には出せということで，税務署も申告書に入れてくるわけですが，これを書けない，作れない人にペナルティがないのですよね。そのために，出さなくてもいいというふうに巷でいわれておりまして，所得税では所得だけ出せばいいというのが零細事業者の方の実態だと思うのですね。このことについて，まず武田会員のご意見を頂戴して，その上で，こういう収支内訳書の書けないような零細事業者がいる中で，そこにインボイスの導入で，副業や兼業，フリーランスの人が，いったいこれからどうするのでしょうか。これは無理なのではないか。300万円以下は現金主義でいいというだけでありますから，少なくともインボイスの下では，課税を登録したら売上げはしっかりとつけなければならないのですよね。そうすると，自動的に売上げは分かるのですが，収支内訳書はなくても簡易課税を選んでおけば申告はできるということになるので，収支内訳書はほとんど形骸化するのではないかと

思いますが，このままやっていけるのかどうかも含めて武田会員のご意見を頂戴したいと思います。

武田（旭川市立大学） 収支内訳書についてですが，これは我が国の税制におけるそもそもの問題が大きいのかなと思います。要は，青色申告者と白色申告者，そこに区分することによって青色申告者には特典があります。しかしながら，帳簿書類等の備付け義務を怠った場合には，青色の取消しという形で白色申告者になってしまいます。白色申告者を選択する権利というよりは，罰則的に青色申告になれない人が白色申告をするという形態を導いてしまったことによって，収支内訳書というものは本来の損益計算を達成するわけではなく，形だけ義務的に添付するものになってしまっているという現状だと思います。本来的に問題になってくるのは，収支内訳書自身は，損益計算の内訳になるわけなので，納税者の自らの収入を立証する権利として，本来は収支内訳書をきちんと作成して添付すべきだと私は考えています。

その中で，実際，収支内訳書の作成ができていません。そして，添付していないから罰則がないという現状もありますが，やはりこれは納税者自身に対する我が国の租税教育の問題でもあると思うのですよね。自らの収入をきちんと証明するという考え方を持つこと，それに基づけば，本来，添付することにはなると思います。

今回の発表の副業・兼業収入，いわゆる雑所得に係るところですが，前々年の収入に応じて1,000万円以上の収支内訳書も，当然の権利として本人はつけなければいけないと私は思います。私の前に本村会員の報告でもあったとおりに，当然のことながら，例えば労災などがあったときに，それが給与でないのであれば，当然自らの収入を証明しなければいけないにもかかわらず所得のみを記載して申告しているのであれば，収入保障の立証はできないので，これは納税者側の問題も大きいと考えています。

2つ目のご質問ですが，いわゆる収支内訳書が作成できない状況にある中，今回のインボイス制度の導入ということで，小規模事業者に対して，私は現状，確かに過度な負担になるということは考えています。消費税法と所得税法に関しては区分けして考えなければいけないとは思うのですが，昨日，私が報告したとおりに，当該年の所得が20万円以下で，そもそも所得税法における申告が必要ない場合においても，消費税法においては別途法律が規定されているので適用になるので，消費税法上の帳簿書類の備付けが必要になります。小規模事業者に関していえば負担は大きくなっているのが現状だと思います。ただし，以前から見れば，申告に関しても電子申告が普及しているという現状もありますので，そういったところから，収支内訳書に関してもそうなのですが，作成して添付するというこ

とを納税者側も知る機会が増えてきているので，将来的には今よりは比率としては改善されていくということはいえるのかなとは思います。

司会 それでは，長谷川会員より武田会員に対して質問が出ておりますので，長谷川会員，質問をお願いいたします。

長谷川（税理士） 税の原則といわれる公平・中立・簡素の簡素が形骸化されている点について，インボイスの導入の問題を今おっしゃっていたと思うのですが，昨今多いように思われます。武田会員のご報告にある副業に関する税務も簡素の形骸化の問題があるように，資料を見させていただいて思ったのですが，納税者が納税手続に負う義務の拡大について，武田会員は今どのように思われているのか，率直にご意見をうかがいたい。

また，法律の規定が適用されれば，納税者は受忍義務を負わなければいけなくなるのですが，こういうものは無限にどんどん負わなければいけなくなっていくのかという心配があり，ご報告や質疑を聞いていて，なお不安に思ったので，武田会員のお考えを教えてください。

武田（旭川市立大学） 税の原則の公平・中立・簡素の中で，全てを同じ条件で優先されるかどうかというところはあると思いますが，やはり簡素を目指す中で，必ず公平・中立を阻害するようなことがあってはならないと思いますので，納税者が義務を負っていると考えるのか。私の考えなのですが，令和4年の業務に係る雑所得の帳簿書類の改正については，若干義務として受け取らざるを得ない拡大化はしていると思います。簡素ではなく単純に小規模な所得であったとしても，先ほどもお答えしたのですが，納税者の自らの収入の立証の権利として収支内訳書を作成していくのが好ましいと私は考えています。ただ，その中で，帳簿の要件とかが厳しくなって過度な負担を負うのであれば，そこはやはり考える必要性があるとは思っています。

もう1つ，法律に規定されれば受忍義務を無限に負わなければならないのかということなのですが，あくまでも法律なので，これに関しては，規定された以上は無限に負わざるを得ないと思います。ただし，法律の内容にもよるのですが，そもそも税収を増やす目的で小規模零細事業者に過度な負担を課すような法律改正であれば，受忍義務はあるのかもしれないですが，そういった法律を立法させないような流れや撤廃させるような行動も必要かと思います。ただ，いずれにせよ，長谷川会員も実務家で税理士なのでお分かりだとは思いますが，法改正があれば，やはりそれに従って業務をこなさなければならないという部分はあるので，現状のインボイス制度と来年から本格施行になる改正電帳法に関しては，明らかに負担という部分では増加していると私も考えています。

司会 それでは，後半の報告者に対して9件質問が出ておりますので，よろしく

お願いします。では，まず，成田会員の報告に対して石村理事長より質問があります。

石村（白鷗大学） 成田会員の報告は，税法制にしっかり特化した議論展開で，本学会の手本となるような報告でありまして感謝いたします。

それから，個人所得課税の水平的公平確保には人的控除を所得控除から税額控除へ移行するのも当然一案なのですが，いわゆるトランプ税制改革でも，5年間ですが，時限立法がそういう感じですよね。ただ，税額控除から，とりわけ給付つきのリファンダブルな仕組みは税額控除移行後も課税単位の変更ということだけではなくて，特に税制を複雑にして，いわゆる「タックス・エクスペンディチャーズ（租税歳出）」の極大化，それから議会の財政統制を困難にするという感じも受けるわけです。特に我が国の場合は，税と社会保障の一体化で，アメリカの場合，FICA税は税ですから，日本の場合は負担金ですから，課税庁からFICA税も所管するアメリカのような歳入庁への転換は非常に難しいと思うのですよね。

それから，税務専門職業務の民間開放も非常に重い課題になります。アメリカでは，政府規制で職業独占の拡大には非常に消極的な姿勢ですよね。ですから，我が国の社会保険労務士のような専門職も，基本的には誰がやってもよく，税務代理以外は税務書類の作成，税務相談も有償でも無償でも自由であるという仕組みです。こういう仕組みの中では，複雑な税制であっても，納税者は原則全員，確定申告でもなんとかなるという仕組みになっているのですよね。私はそのように解釈しています。ですから，税務専門職独占について，無償独占の税務代理を除いて，税務書類の作成とか税務相談業務を有償独占か名称独占にできるかどうかという問題もすごくあるのですね。日本のような規制が強い国はなかなか難しいという問題があると思います。ですから，税務支援の面でアメリカは民間ボランティアのVITAやSTCとかLITCのようなロースクールが税務訴訟まで支援を担うという形まであります。しかし，我が国では岩盤規制が闊歩して，税理士業務は無償独占で臨税以外は担えない。こういう状況で我が国に複雑な給付つき税額控除などを導入する納税環境は，私はないと判断しているのですね。ご報告から成田会員は，私と全く違う意見のようでしたので，反論があればご回答いただきたいと思います。

成田（米国税理士） ご質問いただいた内容について述べさせていただきます。税額控除への移行は，一案として認めていただきました。一方で，税制を複雑にして，さらにタックス・エクスペンディチャーズ（租税歳出）の問題があり，財政統制が難しいのではないかというお話でした。確かに給付するものはちゃんと法律でも決めてやるというのは，民主的

統制という意味では良いと思います。ただ，一方で給付つきの税額控除の場合には，まず大きいのは行政の効率性というところではないでしょうか。

石村（白鷗大学） 社会保障給付しなくてもいい。税制で還付できますか。

成田（米国税理士） そうですね。税制で両方できてしまうということで，その効率性は非常に大きいというところが1つあります。一方で，もちろん民主的統制というのは民主主義国家の根幹ですので，それを無視はできないのですが，ちょっとひねった理屈になるかもしれませんが，その制度をつくるのも結局は議会ですので，それは別に行政が勝手に決めた話ではないので，広い意味での民主的統制ということになるのではないかと私は考えております。

租税歳出の極大化というご指摘をいただいておりますが，例えば給付できる金額に，もちろん今も限界はあるわけですが，それについていくらまでだったら担保できるという形でコントロールすることによって，野放図な歳出ということにはならないのかなと私は考えております。

あと，後半の税務専門職の話ですが，石村理事長のほうでアメリカと日本とで状況は全然違うということでご懸念をいただいているわけです。これは私の考えでは，問題点としては，給付つき税額控除云々の話ではなくて，そもそもアメリカでは年末調整もなくて全員が確定申告しなければいけないことと裏表の関係で誰でも申告代理できるという制度になっております。一方，日本は税理士の先生方のような難しい試験をくぐった能力のある方がやられているわけですので，問題は少ないのではないかと私は思っております。私は，例えばアメリカの有名なフランチャイズのタックス・プリパレーションズの会社で研修を受けたことがあります。確かにこれはひどいと思いました。こういう人たちが申告をしているのかと。それからしたら日本の税理士の方々の知見は比べ物にならないぐらい高いものがあると私は思っております。その意味では，アメリカではEITCに限らず，過誤・不正申告はすごく問題になっているわけですが，代理権を持った人間ということに関していえば，日本のほうがいいと私は考えております。

石村（白鷗大学） 先ほど言ったように租税歳出についてもタックス・エクスペンディチャー・バジェットという形で租税歳出予算の中に組み入れています。日本もいくらか資料にして出しているのですが，予算として出していません。そういう面では，アメリカは，透明化が進んでいます。ですから，私はそれは存じているのですが，アメリカの場合は，どちらかというと議会がしっかりと税法を決めますでしょう。ところが，日本は行政が税法をつくっています。双方には，大きな違いがあります。だから納税者の権利を守る納税者権利憲章のようなものも何もできないし，そして税理士は，どち

らかというと悪法も法なりという形になってしまうのではないかと感じるのです。成田会員，そのへんだけお答えください。

成田（米国税理士） おっしゃったようにタックス・プリパレーションズに関しては，数字をちゃんと公表しています。その意味では，アメリカはやっぱり進んでいるなと思っております。例えば給付付き税額控除を入れるのであれば，そういうタックス・プリパレーションズに関しても公表する形で立法府は動くべきだと考えております。

　行政が法律をつくるということ，アメリカとの比較でいうと，そういう面は否定し得ないと私は思っております。

石村（白鷗大学） アメリカは行政立法ではないですから，政府立法ではないですから。

成田（米国税理士） そもそもアメリカの場合，行政府は法案を出せないですから，議員しか出せません。そうすると，議員のほうが，議員自身，あるいは議員スタッフ，シンクタンク，そういったところを利用して一生懸命勉強して法案を出してくるわけですから，そこはもう全然違うなと思っています。一遍に日本はならないかもしれませんが，そういう方向になって欲しいなと考えております。

石村（白鷗大学） 議員立法，それから1つは租税歳出予算，さらにもう1つは，いわゆる税務支援の民間開放，ロースクールの場合なんかLITCで訴訟支援までやっていますからね。そういうものがしっかりない基盤でやると，今アメリカでもEITCだと3割から4割が不正申告でしょう。

成田（米国税理士） 3割は超えていますね。

石村（白鷗大学） だから，それがもっとひどくなる。ですから，無償のボランティアも何もないところで，有償のいくら優秀な税理士が仮にいっぱいいたとしても，この国では，私はうまく作動しないと考えているのですが，成田会員のご意見はわかりました。ありがとうございました。

司会 引き続き成田会員に対して質問を，藤間会員にお願いしたいと思います。

藤間（神奈川大学） 米国のAOTCの立法趣旨である「低所得や中間所得層の家族および学生が，高等教育の支出をすることを支援する」という考えは，日本でも通用するものと考えてよいのでしょうか。国によって高等教育費用の負担の在り方は異なると思いますが，その点も含め，お考えをお聞かせいただけますと幸いです。

成田（米国税理士） ご指摘のように国によって高等教育の負担を誰がすべきかというのは，違ってくると思います。日本とアメリカは，国際間比較して，ほかの国のこともよく知っているわけではないのですが，確かに違いはあると考えます。そもそもこのAOTCができたとき，さらに給付をつけることにしたのはオバマ大統領のときですが，彼自身がハーバ

ードのロースクールをほぼトップで出て，そこからキャリアをつくったという背景もあって，高等教育は大事だという意識があってできたものだと思います。アメリカというのはアメリカンドリームの考え方がまだあって，高等教育を経て社会の階段を上っていくというのはあると思うのです。一方で，日本のほうは大学教育に関して，例えば，全入に近い大学もあるという言い方もされて，大学に対して高等教育といえないのではないかぐらいの辛口のことをいわれるところもあると思います。ただ，一方，私自身としては，大学に関しては期待するところがありまして，全入云々といいますが，私の身の回りでも，あるいはそれ以外のところでも，学費，生活費の問題で大学に進めないという人が確実にいますので，そこに対する支援は大事だろうと私は思っております。特に地方では，東京の大学に行って下宿させるのは大変だからとてもできない，という話も今あるように伺っておりますので，やはり教育の支援はすべきものであると考えております。

　これは私の勝手な考え方ですが，今，岸田政権がリカレント教育に非常に力を入れて旗を振ってやっていますが，これからの大学の在り方を考えても，例えば社会人に対する専門的な教育のようなところに支援があってもいいのではないかと考えている次第です。

　最後に付け加えて申しますと，誰が教育費を負担するかということの考え方です。傾向としては，どちらかというと日本は，例えば国立大学があるように，国が関わるものが結構大きいように思います。アメリカは私的なもので，個人が自分で払うものだという考え方で，そこからいろんな奨学金とか税額控除といったものが出てきていると理解しております。日本においても私立大学をはじめとして，個人の負担はかなり大きくなってきておりますので，個人に全部任せるのではなくて，それを支援する税制はあっていいのではないかと考えております。

司会　続きまして，八代会員より質問があります。報告に関する後半部分の質問を特にお願いします。

八代（税理士）　海外の税制については全然知りませんので，とんちんかんな質問をお許しいただければと思います。成田会員の今日の報告をお聞きしまして，給付金についてですが，日本の場合，ご承知のとおり新型コロナの影響で持続化給付金とか雇用調整助成金とか家賃支援給付金とかいろんな給付金が制度として実施されたわけですが，日本の場合，非課税規定がないので，いわゆる包括所得概念の観点から課税扱いになっています。いわゆる国税だけ増加するということではなくて，住民税とか健康保険料など様々なところに影響を及ぼして，事業者の方々が大変難儀をしました。成田会員がご報告の中で米国のERC制度が我が国の持続化給付金に類似していますということで紹介されていますが，そういう

給付された金銭は，アメリカの場合は課税扱いという形になっているのでしょうか。制度のことについて全く理解していないものですから，また，もし，非課税の扱いになっているのならば，例えばどういうふうな形で非課税になっているのか，ご教授いただければと思います。

成田（米国税理士） ERC（Employee Retention Credit）の給付が課税扱いかどうかということなのですが，結論から申せば非課税です。その根拠は，2020年3月に時のトランプ政権のときにCARES Actという特別法ができまして，その中で制度自体ができています。課税か非課税かということに関しては，CARES Actの中で明示されていないのですが，IRSが2020年3月にNotice2021-20を出していまして，そちらのほうで非課税であるということを明示しております。なので，所得分類上というよりも特別法に基づくものであって非課税となっている，というご理解でよろしいかと思います。

司会 続きまして，石川先生に対する質問に移らせていただきます。4名から質問が出ておりますので，まず，石村理事長，手短にお願いいたします。

石村（白鷗大学） 私の質問は，そもそも女性関連の租税制度は，課税ベース論からすると，所得に加えて資産，消費，たぶん，資産については昨日の河合報告が今回鍵だと思います。それから，消費課税では，アメリカの場合は消費課税という場合は州や自治体になりますが，そこでは，例えば，基本的には女性が使うタンポンに対して課税するかどうかという面からの問題があります。所得の課税ベース面から見ますと，配偶者控除廃止というのは性中立課税の視点なのか，私はよく分からないで聞いていました。こういう主張は結構なのですが，個人か夫婦か世帯かの課税単位論，さらには，家事や子育ての無償労働，今日はいろんなところで無償労働が問題になっていましたが，これは帰属所得の問題なので，なかなか適正な評価・可否は難しくて，ドイツでも帰属家賃とかをやっていたのですが，執行が大変だったわけです。租税理論上の重い課題の1つなのですが，ただ，家事か外部で働くかは選択の自由の問題で，税制中立が求められると思うのですね。それから，帰属所得は共稼ぎの場合の家事費への税制支援，それから離婚に伴う子供の適正な養育費の算定額や養育費などへの課税の問題の議論にもつながってきます。石川先生は，給付つき税額控除，EITCの導入が子育てや女性活躍社会に直接つながるように述べているのですが，あまりリンクしないのではないかと私は考えています。ですから，EITCの導入で家族単位の，いわゆる課税選択がベターという意味で言っていらっしゃるのかということが，ちょっと分かりませんでした。

それから，租税教育という場合，私は教育といった場合は，岩武会員のような教育と考えていたのですが，先生のお話

を聞いていると，租税教育に特化しているような感じで受けました。租税教育をする場合には，納税者を権利主体とうたった納税者権利憲章の制定をした上で教育をすることが必須ではないかと思いますが，先生はどう考えるかということをお聞きしたいと思います。

全体的にいうと総花的（descriptive）な評論よりも，課税単位，例えばLGBTを含む，いわゆるジェンダーニュートラル課税に最適な課税単位選択とか，EITCの場合の家族単位選択がどうなるのか，それから，帰属所得への課税のような租税理論に絞った分析をまとめてほしいというのが率直な意見です。

石川（税理士） 配偶者控除の廃止につきましては，様々な観点から考えられると思うのですが，私の報告としては，課税ベースの確保という点から，中立課税の観点から，労働インセンティブの阻害要因となっているという点からも検討すべきと思いまして，報告させていただいております。

帰属所得につきましては，石村理事長のおっしゃるとおり，本来，適正に評価して課税するのが理論上正しいと思っておりますが，やはり評価の困難性など執行上の問題が多く，現行制度に採用されていないということからも，課税は難しいと考えております。

ご質問でおっしゃっている給付つき税額控除が子育てとか女性活躍社会に直接リンクするとは思えないというご意見で

すが，私もそのように思います。直接リンクするとは思わないのですが，もともと子育てとか教育といった分野は，税制で全て解決できるような分野ではないということと，個々の文化的な背景や家庭の事情とか様々な要因で大きく左右されるものですから，石村理事長のおっしゃるように，本人の望む生き方，働き方とかを選択できる環境が整っていることが重要と考えております。その中で税制が何ができるかということを考えたときに，現行の所得控除制度よりも補助金的な性格を持つ税額控除，特に給付つき税額控除は各国でも多く採用されて，少なからず税制面からの効果はあるのではないかと考えております。

租税教育に関しましてですが，納税者を権利主体とうたった納税者権利憲章の制定が必須と思われるということですが，私も先生のお考えに賛同いたします。納税者権利憲章に関しましては，望月会員がたくさん論文を書いていらっしゃいまして，日本は納税者権利憲章を持たない数少ない国の1つということで，2011年でしたか，税制改正の途中で見送りとなって以来，そのままの状態であります。必須ではありますが，納税者権利憲章の制定を待って租税教育を充実させるということではなくて，まず，租税とは何かとか租税の原則とか機能とか，そういったことを租税教育によって普及し，その上で納税者権利憲章を制定するのがよいのではないかと考えております。納税者

権利憲章が絵に描いた餅になってしまっては意味がありませんので，例えば権利意識が強いとされるアメリカでさえ，納税者権利憲章の存在を知っている方は納税者の約過半数で，権利憲章の内容を知っている方は納税者の 10％程度と聞いております。ご報告で申し上げたドイツにおきましても，1977 年に納税者の権利を定めた国税通則法（AO）の制定があったそうですが，その後，改正を重ねているということですが，一般的な納税者の租税に関する教育の機会は，現状，ヒアリングのとおりなかなか厳しい状況でありますが，納税者権利憲章の制定は必要であると思っております。

課税単位や帰属所得に関しましては，時間が限られていることもありまして，今回は論点といたしませんでした。今後の研究に生かしていきたいと思います。

前述のとおり，教育とか雇用に関しまして，最適な税制がなかなか難しいのではないかと考えておりまして，特に今回の報告では，無給労働の時間の性差をなくそうということが重要であるという主張でありましたために，どうしても報告が租税理論的な内容にならなかったことは勉強不足で，準備不足でありました。おわび申し上げます。

石村（白鷗大学） それを租税理論から報告をまとめていただければうれしいと思います。よろしくお願いいたします。

司会 では，引き続き湖東会員より質問をお願いいたします。

湖東（税理士） もう既に石村理事長の質問とダブっておりまして，結論をもうお聞きしたような気がします。質問の趣旨は，配偶者控除を廃止するというお考えのようですが，それに代わる控除はどうしたらいいかという質問です。お答えはもう既に，税額控除でやるのだということを聞きましたので，これはもう結構だと思います。補足があったら，よろしくお願いします。

もう 1 つの質問は，個人単位課税である我が国を家族単位課税にするかどうか。そうでなければいいのですが，家族単位課税にするというご意見でしたら，具体的にどういう仕組みがいいかということをお考えかということをお聞きしたかったのですが，先ほど石村理事長への回答で，今後の課題ということだったので，これもまた，もし原稿になるときにお考えがまとまっていただければ，それで結構だと思います。

司会 それでは，これはもう回答は済んでおりますので，引き続き長谷川会員よりの質問をお願いいたします。

長谷川（税理士） 石川先生のレジュメを見させていただいて，差別について取り上げていらっしゃったと思うのですが，本論における差別はどのように定義づけたのかというのが，ちょっと読み取れなかったので教えていただきたい。

あと，重複してしまうのですが，無給労働の性差の問題について今回取り上げられていて，資料を読む限りでは所得税

の課税単位を家族単位にすべき見解なのかなと感じたのですが，課税単位と無給労働についての関係性とか，その与える影響だったりを，今の分かる段階でいいので教えていただければと思います。

あともう1点，今，ネットでは話題になっている性的指向及びジェンダー・アイデンティティの多様性に関する国民の理解の増進に関する法律によると，ジェンダー・アイデンティティ（自己の属する性別についての認識に関するその同一性の有無又は程度に係る意識）が尊重されるものとされていますが，性別の認識が尊重されるものであるとすると，外形的な男性とか女性の差別という問題は生じないような世の中になるのかなという一部報道がありますが，先生はどのようにお考えなのか，率直に教えていただければと思います。

石川（税理士） まず，「差別」という言葉の定義ですが，これは，OECD報告書におけるdiscriminationという単語が使用されている箇所を「差別」と訳して使用しております。この用語がこの報告書のどこで使用されているかといいますと，例えば管理職に就く割合の男女差とか，大学入試試験における合格者の男女差とか，日本における一般職と総合職とかの雇用コース制とか，採用とか昇進率が男女間で平等でない場合に，このdiscriminationという用語が使われておりますので，同様の状況にある男女間で取扱いに差がある場合を「差別」と表現しております。

次に，課税単位ですね。報告では所得税の課税単位を現行の個人単位課税から家族単位課税にすべきという考えは特に持っておりません。配偶者控除廃止につきましては，同一の家族の中で両親間の取扱いの異なる制度はなくしていくべきではないかという立場です。現行の個人課税単位につきましては，結婚しても税負担の総額は変わりませんし，結婚に対する中立性が保たれます。制度として簡素であるということは，非常によい点であると考えております。無給労働との関係におきましては，男女差が大きすぎることは問題だと感じております。

最後の性的指向及びジェンダー・アイデンティティの多様性に関する国民の理解の増進に関する法律で，性別の認識が尊重されるのであれば差別は生じないのではないかということですが，こちらのご質問は，報告にはあまり関係ないかなという気はしなくもないのですが，あえて申し上げるとすれば，この報道に関する感想でよろしいでしょうかね。極めて男性的な視点だなと感じます。主語が大きくなってしまうことをお許しください。35億人も対象になってしまいますが，私は生物的には女性ですが，生物的な特徴を超えて個々の認識が重要とするのには大変恐れを感じます。といいますのは，やはり生物的に強い側からの意見だなと感じます。強い側が差別が生じていないと主張したところで，そういう問題は生じていないのだと発言されてしまいます

と，生物的に弱い側からすれば，今まで生物的な特徴で守られていたことが個人的な主観である認識だけによって壊されるかもしれないという大変恐怖を感じるというのが正直なところであります。自分は男性であるが自認は女性という方がいます。そういう方が女性トイレに入りたいとか，女湯に入りたいとかいうことはありますが，逆は聞いたことがありません。そういったことから，差別という問題が生じないということには猛反対していきたいと思います。

司会 性の部分は今回の報告のテーマと直接関係ないので，ここで切らせていただきます。石川先生への質問は以上とします。

では，次の岩武会員の報告への質問に移ります。石村理事長，お願いしたいと思います。手短にお願いします。

石村（白鷗大学） 私も寄附税制について何十年もやっていたものですから，ちょっといくつか，質問がくだらないかもしれないのですが，我慢してください。

文科省は，最近，私学助成金を使って私大の再編，徹底を後押しするという方向を出しています。その一方で，巨大な私大はますます巨大化する方向にありますよね。そしてアメリカでは，トランプ税制改革時に巨大化する私大の内部留保課税を実施しています。これは，この学会で報告していますが，我が国の基本金概念だけではないのですが，それに伴う内部留保課税という問題が，内部留保ではないのだというのですが，私も実際にいろいろやってみて内部留保課税という認識があって，そのへんについてどうするかというところを感じたのです。まさか大きな大学に独禁法を適用するというわけにはいかないでしょうから。それから，公益寄附金，受配者指定寄附金とかいろいろあるのですが，公益・指定寄附金税制があるのですが，寄附文化は育たないですよね。やっぱりアメリカに比べると大学が寄附金で運営できる状態には全くないわけですね。周年寄附をやってもほとんど集まらない，途中で終わりという形です。今後，大学が寄附金で運営できるという形は，なかなか期待薄なのではないかと思います。現行の私学助成金という，もちろん国立大学の補助金もありますが，私学助成金も指定寄附金とかも，どちらかというと大学法人が主役になっているのですよね。私学助成金をむしろバウチャー方式として教育サービスの消費者である学生を主役に交付する仕組みに改めてはどうかというのも一案です。私も1回，この分野で大きな論文を書いたことがあり，大学関係者から，おまえは大学をつぶす気かと怒られたのですが，そのへんがどうかということです。

それからもう1つ，無償労働，ボランティアを貨幣評価すると，家事労働と同じように帰属所得をどう評価するかという問題が出てきます。帰属所得への課税は帰属家賃の課税とか，そういう問題で

なかなか執行が難しいということがあります。アメリカではボランティアの参加費，例えば保険料とか，交通費とか，制服が必要だとか，寄附が必要だという場合は，その費用は公益寄附金の控除の対象としているのです。他の会員からもあったように，なんで寄附は所得控除で税額控除しないかという問題があります。アメリカの場合，寄附というのは，基本的に大金持ちがどんどんしろという仕組みで，所得控除がいいのではないかという考え方です。ですから，日本と違ってアメリカの場合は税金を払う道は2つある。1つは国に払いなさい，あるいは国庫に入れなさい，連邦なり州なりに入れなさい。もう1つの考え方は，そういう特定の公益団体に寄附して払って，そして寄附金控除を受けなさいという選択納税の考え方があります。そのへんについての理解がないと，全部税額控除してしまえばいいではないかという非常に乱暴な議論が出てくるわけです。少額の5円，10円の寄附を一生懸命集めてもなかなか大変なのです。だから，場合によっては所得控除を使って巨大に集めることになります。ただ，集まったものの使い道がどうかという問題もあります。

岩武会員にお聞きしたいのは，バウチャー方式をどう考えているかも含めてお願いいたします。

岩武（熊本学園大学） 実際ここに書かれているように，石村理事長のご質問に表れているように，文科省が国公立大学はともかく私立の大学も支配している実態はあるわけで，日本大学の理事長が私学助成金を非常に気にされているみたいですが，やはり文科省のほうを見て私立大学も経営を行っているという実態がありまして，それは非常に望ましくないことだと思います。「大学の自治」はどこに行ったんだということだと思います。ですから，その問題と全ての問題が絡んでくるところがあると思いますが，まず1つ目の，巨大化する私立大学に対して内部留保課税をやったらどうかということで，トランプ政権でやったということですが，理論はともかくとして，実態としてはやる必要があるのではないかということだと思います。理論の面では，建前論だと思いますが，本来，公益法人ですから，政府と同じように予算・決算管理型の会計をやって，お金が余るはずがないのだという建前ですので，仮にお金が余ったとしても，それは株式会社が持っている内部留保金とは異なる性質なんだということですし，株式会社であれば，法人税と配当課税と2回課税をするという原則が生きてきますが，それを公益法人のほうでどう考えるのかというのは理論的な課題はあろうかと思います。しかし，一方で実体経済というのは実際にあるわけですから，巨大な私学と地方の私学との力の差は，これはマーケットの話ではないので独禁法が適用されることもないとは思いますが，実態としては，やはりどうにかしないといけません。不健

全な形に今あると思いますので，そういう基本金概念を理論的に見直すことによって，アメリカの内部留保課税がどういう根拠でやられたかはよく存じ上げませんが，実際にやる必要はあるのではないか。資源の再配分ということが必要かと思います。

さらに，バウチャー方式に関しては，この報告を作るときに若干悩みまして，学生の視点からの検討が必要ではないかということも考えましたが，時間も制限がありますから，多少絞り込みました。学生の視点ということに関しては，今回は割愛させていただいたのですが，しかし，バウチャー方式にすることによって，先ほど，公益法人ですからマーケットは無縁かという話はありましたけれども，しかし，私学間の大学の競争は，実態としてはしたほうがいいのではないかという発想もあり得ると思います。ですから，バウチャー方式に持っていくことによって私学間の競争を促進するという効果が実際に望めるのであれば，それはやるのがいいのではないか。資源の再配分にうまくつながるのではないかと考えられると思います。

大学ばかりに視点を置くのではなくて，学生から見て，例えば公平な税制になっているかとか，資源の再配分がうまくいっているかという視点も必要かと思いますので，大学は確かにバウチャー方式は反対するかもしれませんが，実際，大学の組織構造の改革も含めて，あと，経営の発想を転換することも含めてバウチャー方式に変えるというのは，我が国の私立大学も健全な方向性を示す政策につながる可能性は十分あると思いますので，論文の中でも検討させていただこうと思います。

最後に，無償の役務提供に関する問題ですが，実際，報告の中では触れられませんでしたが，おっしゃるとおり執行の問題があると思います。アメリカでは実費を計上するということになっておりますが，例えば企業が最先端の研究設備をただで大学に使わせるとか，そういうふうな事柄を想定すると，それにどう値段をつけるのかという問題は，それはそれでまた発生するかと思いますので，実費ではないですが，形式的にいくらいくらと決め込むような制度づくりを行って，やはり帰属所得に対して無償による役務提供を反映できるやり方を制度づくりとしてやるのがいいのではないかと，今の時点では考えております。

司会 では，最後の質問です。藤間会員より岩武会員にお願いいたします。

藤間（神奈川大学） 報告の中でもある程度触れていただいたような気がするので，改めてご説明くださいという質問になります。

米国において，現物資産の寄附について時価での控除を認めている一方，取得価格を引き継ぐ現状の制度は，課税済みではない金額の控除を認めているということで，批判的に論じる議論もあるよう

に思います。控除が税額控除ではなく所得控除であり，高所得者に有利であることから，所得税制度の目的である所得再分配の観点からも，このような批判は補強されるものです。岩武会員として，所得再分配よりも寄附の促進のほうが大事だと論じられる理由がどこにあるのか，ご教示いただけますと幸いです。よろしくお願いいたします。

岩武（熊本学園大学） ここの部分に関しては，単にインセンティブを上げることが必要だということだけではないのではないかと思います。やはりお金持ちを動かすための仕掛けは必要だということはあると思いますが，どちらかというと，結果的に大学などの教育機関に対して資金提供者が，従来，政府主導だったと。私立が私学助成金で縛られているということを考えると，政府主導だったという部分を民間に資金提供者を移したいということなのですね。そうすることによって政府の大学への支配力を弱めることにつながるのではないかと考えますので，むしろそれが望ましい姿であると考えておりますし，ここ数年のコロナウィルス対策の政策のあおりを受けて，拡大が非常に苦しい状況にもなっているのではないかということを考えると，大学の側からも政府を当てにするのではなくて，資金を民間に求めるような形に制度を変えていく必要があるのではないかということの一環として，寄附の税制を1つ，ある程度強力なインセンティブを持ったものをつくる必要があるのではないかという考え方です。

政策というのは非常に難しいもので，例えば我が国でも譲渡所得の株式，土地に関しては，長期譲渡であれば定率の15％ということで固定されていますから，それはそれで不動産，株式の投資を促進するんだという考え方を優先させているのだと思いますが，しかし，一方で所得の再分配の機能を大幅に失わせているということは確かですから，それをどういうふうに考えるのかという問題もありますが，政策的な意味としては，今説明したとおり，政府の関与を教育機関に対する力を薄めて，民間に資金を移行できないかということで，アメリカの制度が1つ参考になるのではないかということです。このまま導入したらいいとか，そういう話ではなくて，インセンティブの与え方として，1つ参考になるのではないかと考えております。

付け加えるなら，寄附の促進に対してインセンティブを高めればいいのだという考え方だけではなくて，むしろ，例えば寄附の制度の分かりやすさであるとか，税制とあまり関係ないとは思うのですが，税制が分かりやすいというのは前提であると思いますが，寄附のしやすさとか，例えば今こういう時代ですから，スマートフォンからクラウド・ファンディングで応援したいところに投資をするとか，そういうふうなことで相手をうまく活用するような形で寄附の募集をできないか

ということも考えているところですし，そういう寄附をうまく集めるノウハウを持っている人材が大学のほうに十分いるのかどうなのかも，今のところ疑問ですから，そういう仕掛けというか，寄附の担い手を，寄附をする人ではなくて寄附をする仕掛けをつくる人を育成する必要もあるのではないかと考えております。

司会 シンポジウム報告への質問は以上です。報告者と皆様方のご協力で非常にスムーズに討論が進みました。最後に御礼申し上げます。どうもありがとうございました。

Ⅱ　一般報告

2023年10月21・22日　第35回大会（於　名城大学／オンライン　ハイブリッド開催）

配偶者居住権をめぐる課税上の問題と考察
―― 相続開始前に賃貸借契約があった場合の一考察 ――

河 合 基 裕
(税理士)

I　はじめに

　配偶者居住権は，令和2年4月1日に民法の改正により創設された。税制面においては，令和元年度及び令和2年度の税制改正にて，配偶者居住権の相続税法，所得税法に関する規定が整備された。実務に目を向けると，配偶者居住権の登記件数は，令和2年では129件であったのに対して，令和4年では892件となり増加傾向となっている[1]。

　本稿は，その配偶者居住権の取扱いの中で，被相続人が所有し居住の用に供していた建物（以下，「居住建物」という）が賃貸併用住宅であった場合に，その居住建物に配偶者居住権を設定したときの課税上の問題点について考察したものである。具体的には，遺産分割等において，相続開始前から賃貸借契約がされている賃貸併用住宅である居住建物に配偶者居住権を設定した場合において，それと同時に相続人の承諾を得て，その賃貸借契約部分の賃料収受権を配偶者が取得するときに，どのような課税の取扱いが適正なのかを考察したものである。ポイントは，2つである。相続税上において，相続開始時に賃貸借契約部分の賃料収受権部分の財産の帰属は，所有者なのか，配偶者なのか。所得税上において，その賃料収受権により獲得する賃料収入は，所有者に帰属するのか，配偶者に帰属するのかである。

　まず最初に配偶者居住権の概観について解説する。次に配偶者居住権の相続税上の取扱いと具体例に基づく計算結果からの考察をする。最後に，賃貸併用住宅に配偶者居住権を設定した場合の相続税上と所得税上の適正な課税について考察する。

なお，本稿は，令和5年10月13日に名古屋税理士会にて発表された公開研究討論会の内容に基づいて論点の整理及び考察を行ったものである。公開研究討論会の資料も併せてご参照いただければ幸いである。

Ⅱ 民法上の配偶者居住権の概観

1 配偶者居住権の立法趣旨

改正前の民法では配偶者居住権という権利がなかったため，被相続人の配偶者は，居住建物を取得し，その建物に居住することで，その被相続人の死亡後の居住環境を整える必要があった。しかしながら，居住建物を取得することで，居住環境以外の老後の資金面に問題があった。それは，遺産相続の際に，居住建物とその土地を取得することで，金融資産等の他の財産が遺産分割されない可能性が出てきてしまうのである。近年の社会の高齢化の進展及び平均寿命の伸長に伴い，老後の居住環境の確保とともに，老後の資金を多く必要とするという問題が発生した。配偶者が配偶者居住権を取得することにより，配偶者の住居が確保され，かつ，他に金融財産も相続させることができるため，老後の生活を安定させることができる[2]。このような背景から，配偶者居住権が創設された。配偶者居住権は，具体的には，配偶者短期居住権と配偶者居住権の2種類がある。以下では，両者の違いを明確にするために，配偶者短期居住権と配偶者居住権の2つについて説明する。

2 配偶者短期居住権

配偶者短期居住権とは，配偶者が，被相続人の財産に属していた建物に相続開始時において無償で居住の用に供していた場合，短期間の間（少なくとも6か月間），その居住していた建物の所有権を相続又は遺贈により取得した者に対し，居住建物について無償で使用することができる権利である（民法1037）。配偶者短期居住権は，「無償で使用する権利」で，居住建物の使用権限のみを認め，収益権限は認めない権利となる。配偶者短期居住権は，配偶者の居住の権利を政策的に保護する観点から設けられたものであり，相続開始時から次の居住先が決定するまでの短期的な居住をするため居所を確保するための権利で

あり，配偶者と居住建物の所有者との間の法律関係は，使用貸借契約の借主と貸主との間の法律関係とほぼ同様であると解される。このような権利であるため，財産価値もほとんどないと考えられ，相続税法上の財産評価からも除かれる取扱いがされている。

3 配偶者居住権

(1) 配偶者居住権の概要

配偶者居住権とは，被相続人の財産に属していた建物に配偶者が相続開始時に居住していた場合において，遺産分割等で配偶者居住権を取得するなどのときは，その居住していた建物の全部を無償で使用及び収益することができる権利である。配偶者居住権は，遺産分割協議のほか，遺言又は家庭裁判所の審判によっても設定が可能である（民法1028①，1029）。

(2) 配偶者居住権の法的性質

配偶者居住権の法的性質は，賃借権類似の法定の債権と考えられる。配偶者居住権は，配偶者に対してのみ，終身又は一定期間の間，居住する権利であり，一身専属権とされる。終身又は一定期間の間，配偶者が居住でき，登記も可能となる権利であるため，賃借権に近いものと考えられている。しかしながら，配偶者居住権の存続期間の間は，無償でその居住建物を利用できるため，賃借権とも異なる権利と考えられ，賃借権類似の法定の債権と考えられるのである。

(3) 居住建物の使用及び収益

民法1028条において，被相続人の配偶者は，被相続人の居住建物に相続開始時に居住していた場合において，遺産分割等により，その居住建物の全部について無償で使用及び収益する権利を取得すると規定されている。改正民法の立法担当者であった堂薗幹一郎氏によれば，「使用賃借契約の借主等と同様に，配偶者は，居住建物の所有者の承諾を得なければ，第三者に居住建物を使用又は収益させることはできないこととしているから（民法1032③），実際には居住建物の使用権原を有するに過ぎず，配偶者の意思のみで居住建物の収益をすることができる場合はほとんど想定することができない。……また，配偶者の使用権原等が及ぶ範囲は建物の全部である。したがって，配偶者は，相続開始

前に居住建物の一部に居住していた場合であっても，配偶者居住権を取得した場合には，それに基づき，居住建物の全部について使用等することができる[5]。」と述べている。使用貸借契約の借主等と同様程度の権利であり，使用権原を有しているのみで，収益することをほとんど想定していないのである。しかしながら，「ほとんど想定していない」という言葉は，裏を返せば「想定できる」場合も少しはあると解釈することができるため，不透明な部分となる[6]。

なお，配偶者は，配偶者居住権は居住建物の全部について無償で使用及び収益する権利となるため，当該居住建物の敷地についても，配偶者居住権部分として相続税評価上は配偶者に帰属するものとして取り扱われる。民法上には，配偶者居住権設定に基づくその敷地については何も言及されていないが，このような取扱いとなる[7]。

(4) 居住建物の第三者への賃貸借

配偶者は，居住建物の所有者の承諾を得なければ，第三者に居住建物の使用若しくは収益をさせることができない（民法1032③）。このことは，立法担当者の堂薗氏によれば，「配偶者が居住建物の所有者の承諾を得て居住建物の一部を賃貸する場合には，基本的には，これにより収益権原を取得した配偶者に賃料債権が帰属することになる[8]」と述べている。そのため，配偶者居住権は，所有者の承諾を得れば，第三者に居住建物を賃貸することができ，その場合の賃料収受権は，配偶者に帰属することとなる。

(5) その他

ここでは，上記以外の配偶者居住権の主な取扱い部分について簡単に解説する。

① 配偶者居住権の登記

居住建物の所有者は，配偶者に対し，配偶者居住権の設定の登記を備えさせる義務を負う（民法1031）。そのため，配偶者居住権は登記することができる。また，配偶者居住権が登記された場合には，不動産賃貸借の対抗力について定められた民法605条が準用されるため，借地権に類似するものといえる。配偶者は，居住建物について物権を取得した者その他の第三者に配偶者居住権を対抗することができる。この「第三者」には，居住建物について所有権や抵当権

等の物権を取得した者のほか，居住建物の賃借人や使用貸借の借主等も含まれると解される[9]。

② 用法遵守義務・善管注意義務

配偶者は，従前の用法に従って，善良な管理者の注意をもって居住建物の使用及び収益をしなければならない（民法1032①）。配偶者居住権を設定したときの用法を守る用法遵守義務，善管注意義務が課せられており，守らない場合は，所有者は，配偶者居住権を消滅させることができる。

③ 譲渡の禁止

配偶者居住権の特徴的な制度の一つに，配偶者居住権は，譲渡することができないことがある（民法1032②）。配偶者居住権は，配偶者が相続開始後も従前の居住環境での生活を継続することを可能とし，その選択肢となる手段を増やすことを目的として創設されたものであり，配偶者が第三者に対して配偶者居住権を譲渡することは，このような制度趣旨との整合性を欠くためである[10]。なお，税務上は，配偶者居住権を設定期間の中途において，配偶者居住権が消滅した場合には，所有者に対して，無償の場合には贈与税が課税され，金銭の授受が行われた場合には所得税（譲渡所得）が課税される。これは，相続時に配偶者の財産として相続税の課税対象となった配偶者居住権という権利が，配偶者から所有者へ移転したと考えるためである。

④ 配偶者居住権の消滅（民法1035）

配偶者居住権は，存続期間の満了（民法597①，1036），居住建物の所有者による消滅請求（民法1032④），配偶者の死亡（民法597③，1036），居住建物の全部滅失等（民法616の2，1036）により消滅する。

居住建物の所有者による消滅請求においては，②で述べた用法遵守義務，善管注意義務違反があった場合に，配偶者に対する意思表示をもって配偶者居住権を消滅させることができる（民法1032④）[11]。この場合，消滅の対価が支払われなかったときは，経済的価値の移転に該当するため贈与税が課税されることとなる。

4 法的性質のまとめ

　配偶者短期居住権は，相続財産の承継先が決まり，配偶者の居所が確定するまで，被相続人と同居していた場合の居住建物を使用することを可能とすることための権利である。そのため，その居住建物を無償で使用する権利のみとなっている。

　一方，配偶者居住権は，建物の全部を無償で使用と収益できる権利である。配偶者居住権は，一身専属権であり，無償であるので，「使用借権」に近いと考えられる部分もある。しかしながら，配偶者居住権は，登記することができ，他に転貸することも可能であり，賃貸借の規定が多く準用されているので，実体は「使用借権」よりも「賃借権」に近いと考えられる。そのため，使用借権よりも強く，「賃借権と類似の法定の権利」ということができる。

Ⅲ　相続時の財産評価の方法（相続税法上の取扱い）

1　配偶者居住権とその敷地の財産評価の方法

(1)　配偶者居住権とその敷地の評価方法

　配偶者居住の評価方法は，相続税法23条の2に規定がされている。居住建物の評価方法の基礎は，評価通達の建物評価をベースに評価される。敷地利用権についても，相続税法では配偶者居住権の設定に伴い，土地の上に存する権利を取得したものとして評価する。敷地利用権も評価通達の土地評価をベースとして評価をする。

　具体的な計算方法としては，建物相続税評価額から，建物相続税評価額をベースに建物の耐用年数，経過年数や配偶者の平均余命を用いて按分計算をしたものを法定利率（3％）による現在価値計算を行った価額を差し引くことにより計算される。敷地利用権については，減価という概念がないので年数等により按分計算をせず，法定利率による現在価値計算を行った価額を土地の相続税評価額から差し引くこととなる。

(2)　賃貸併用住宅の場合の配偶者居住権とその敷地の評価

　賃貸併用住宅の場合の配偶者居住権とその敷地の評価については，居住建物の床面積と賃貸の用に供されている部分の床面積の割合を計算して，その賃貸

の用に供されている部分の床面積を，借家権及び借地権として除いて財産評価として計算される。

なお，借家権部分に対応する敷地のその底地部分については，相続評価上は，所有者の帰属として計算されることとなる。これは，相続税法23条の2第1かっこ書きにより，当該建物のうち当該賃貸の用に供されていない部分に応じる部分の価額として政令で定められるところより計算した金額となり（相続税法施行令5条の7参照），賃貸の用に供されている部分を除くこととされていることによる[12]。

財産評価の計算方法に基づく，権利を図で表すと次のように考えられる。

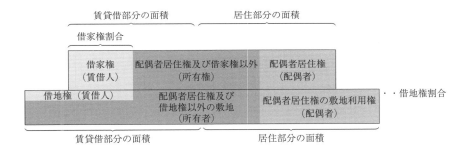

2 配偶者居住権の財産評価の具体的な方法

配偶者居住権の財産評価の具体例に基づいて，財産評価額と相続税額の関係を考察する。具体的には，①配偶者が居住建物を取得した場合（配偶者居住権設定なし），②配偶者が居住建物を取得せず，配偶者居住権を設定した場合，③相続開始前から賃貸の用に供していた賃貸併用住宅で，その賃貸併用住宅を取得せず，配偶者居住権を設定した場合，の3つについて検証する。

(1) 具体的な計算結果

① 配偶者が居住建物を取得した場合（配偶者居住権設定なし）

まずは，①配偶者が居住建物を取得した場合の財産評価と相続税額を算出する。配偶者居住権が創設される以前は，被相続人と婚姻関係のある配偶者の土地建物をその配偶者自身が所有することが一般的であったため，このようなケ

ースがモデルケースと考えられる。

【設例1】 配偶者が居住建物取得

被相続人：2023年1月1日死亡	土地所有者：被相続人
相続人：妻，子1人	遺産分割日：2023年5月30日
相続財産：	配偶者の年齢：80歳
建物2,000万円（相続税評価額）	（1942年2月5日生）
土地5,000万円（相続税評価額）	建物相続人：妻
建物建築日：2013年2月2日	土地相続人：妻
賃貸の有無：無	
建物所有者：被相続人	

計算結果は次の通りとなる。

（単位：万円）

	項目	価額	配偶者	子
財産	建物（配偶者居住権）			
	建物（居住建物）	2,000	2,000	0
	土地（配偶者居住権に基づく敷地利用権）			
	土地（居住建物の敷地の用に供される土地）	5,000	5,000	0
課税価格		7,000	7,000	0
今回の相続税額		0	0	0

※万円未満四捨五入

② 配偶者が居住建物を取得せず，配偶者居住権を設定した場合

次に，居住建物を配偶者以外の相続人が取得し，配偶者居住権を設定した場合を検証する。具体例として次の通りとする。[13]

【設例２】　配偶者居住権の設定

```
被相続人：2023年1月1日死亡       土地所有者：被相続人
相続人：妻，子1人                 遺産分割日：2023年5月30日
相続財産：                        配偶者の年齢：80歳
　建物 2,000 万円（相続税評価額）        （1942年2月5日生）
　土地 5,000 万円（相続税評価額）  平均余命：12年
建物建築日：2013年2月2日         配偶者居住権の存続期間：終身
賃貸の有無：無                    法定利率：3％
建物所有者：被相続人              建物相続人：子
                                  土地相続人：子
```

具体的な計算結果は次の通りとなる。

(単位：万円)

	項目	価額	配偶者	子
財産	建物（配偶者居住権）	1,329	1,329	0
	建物（居住建物）	670	0	670
	土地（配偶者居住権に基づく敷地利用権）	1,495	1,495	0
	土地（居住建物の敷地の用に供される土地）	3,505	0	3,505
課税価格		6,999	2,824	4,175
今回の相続税額		447	0	447

※万円未満四捨五入

①と比較して，配偶者が相続により取得した居住建物及びその敷地に関する相続財産が，合計で約4,176万円減少した。この結果，相続財産が居住建物とその敷地のみで相続財産が大きく金融財産の取得ができないため，老後の資金が減少してしまうことを防止するという配偶者居住権の創設趣旨に合致する遺産分割が行われていることが考察できる。

③ 相続開始前から賃貸の用に供していた賃貸併用住宅で，その賃貸併用住宅を取得せず，配偶者居住権を設定した場合

最後に，相続開始前から賃貸の用に供していた賃貸併用住宅があった場合において，その賃貸併用住宅の所有者を配偶者以外の相続人であり，かつ，配偶者居住権を設定したときを検証する[14]。具体的には次の通りである。

【設例３】 賃貸併用住宅に配偶者居住権を設定

被相続人：2023年1月1日死亡	土地所有者：被相続人
相続人：妻，子1人	遺産分割日：2023年5月30日
相続財産：	配偶者の年齢：80歳
建物2,000万円（相続税評価額）	（1942年2月5日生）
土地5,000万円（相続税評価額）	平均余命：12年
建物建築日：2013年2月2日	配偶者居住権の存続期間：終身
賃貸の状況：第三者Aへ賃貸	法定利率：3％
（床面積200㎡の内100㎡）	建物相続人：子
建物所有者：被相続人	土地相続人：子

具体的な計算は結果は次の通りとなる。

（単位：万円）

項目		価額	配偶者	子
財産	建物（配偶者居住権）	665	665	0
	建物（居住建物）	1,035	0	1,035
	土地 （配偶者居住権に基づく敷地利用権）	748	748	0
	土地 （居住建物の敷地の用に供される土地）	3,953	0	3,953
課税価格		6,400	1,413	4,988
今回の相続税額		1,185	0	1,185

※万円未満四捨五入

以上から次の通り考察できる。

イ 居住建物と配偶者居住権に関する考察

①との比較した場合,配偶者が取得する相続財産の評価額は,①は土地建物が7,000万円であったが,③は土地建物が1,413万円となり5,587万円の減少となった。これは②と同様に配偶者居住権の創設趣旨である土地建物の相続財産を減少させて他の金融資産等を取得して老後の安定を図るという意図と合致しているといえる。

一方,②と比較した場合,配偶者が取得する配偶者居住権の相続財産の評価額は,②は1,329万円に対して③は665万円となり,664万円減少する。これは,当該居住建物が賃貸の用に供されているため賃貸用部分により居住が制限されているためである(財産評価の計算では,床面積按分となるため,200㎡の内100㎡が賃貸となるため,配偶者居住権の財産評価額も半分となる。)。所有者については,②は670万円に対して③は1,035万円となる。②より③の方が365万円増加している。これは賃貸用部分が所有者に帰属する権利として,財産評価が増加したと考えるべきなのだろうか。

ロ 土地に関する考察

②と比較した場合,配偶者が取得する土地(敷地利用権)の相続財産の評価額は,②は1,495万円に対して③は748万円となり,747万円減少する。これは,イと同様で,賃貸用部分により居住が制限されているため,対応するその敷地についても減少したと考えられる。所有者については,②は3,505万円に対して③は3,953万円となり,448万円増加する。これも,イと同様で,賃貸用部分が増えたと考えるべきだろうか。

(2) 具体例からの考察(まとめ)

配偶者が配偶者居住権を取得することにより,配偶者の住居が確保され,かつ,他に金融財産も相続させることができるため,老後の生活を安定させることが可能となる。[15] これが配偶者居住権の創設趣旨となる。①と②の比較により,配偶者が配偶者居住権を取得したことにより,配偶者の居住が確保されることとなった。また,相続財産も居住建物とその敷地を取得するよりも配偶者居住権のみを取得した方が減少することとなるため,他の金融財産を相続されることが可能と考えられる。

②と③の比較により，居住建物が賃貸併用住宅であった場合は，賃貸部分があるため配偶者の居住するスペース等に制限を受けるため，配偶者居住権の財産価値が減少することが考察できた。一方で，当該居住建物の所有者は，賃貸部分があった方が，財産価値が増加することとなった。配偶者居住権は，賃貸併用住宅でない場合は当該居住建物全てに及ぶが，賃貸物件である場合は制限されるため，相対的に所有者の権利が増加したと考えればよいのだろうか。

Ⅳ 相続開始前に賃貸借契約があった場合の課税上の問題と一考察

1 相続税の考え方

前章で，配偶者居住権の具体的な計算を示した。配偶者居住権を設定することにより，配偶者の居住を確保し，他の金融財産を取得することにより老後の生活を安定させるという趣旨に合致することが理解できた。一方で，賃貸併用住宅に配偶者居住権を設定した場合に，相続の財産評価として，一つの疑問が残る結果となった。賃貸併用住宅に配偶者居住権を設定すると，所有者は賃貸併用住宅以外の居住建物に配偶者居住権を設定した場合よりも所有者に対する相続税評価上の相続財産が増加することになる。これは，財務省『令和元年版改正税法のすべて』499頁では，「居住建物の一部が貸し付けられている場合には，配偶者は相続開始時からその居住建物を賃借している賃借人に権利を主張することができない（対抗できない）ため，実質的に配偶者居住権に基づく使用・収益をすることができない部分を除外して評価する必要があること」と解説されている。立法担当者である堂薗氏によれば，「被相続人が居住建物の一部を第三者に賃貸していた場合でも，配偶者は配偶者居住権を取得することが可能である。配偶者居住権を取得した配偶者は，居住建物の所有者との関係では，第三者に賃貸される部分を含め，居住建物の全部について使用及び収益をすることができる権利を取得する。もっとも，建物賃貸借においては建物の引渡しが対抗要件となるところ（借地借家法第31条），このような事例では，通常，賃借人が先に引渡しを受けているものと考えられることから，配偶者は，その賃借人に対しては，配偶者居住権による使用収益権限を対抗することができないことになるものと考えられる。このような場合には，一般的には，賃借人は，

賃貸人たる地位を承継した居住建物の所有者に対して賃料を支払うこととなる。」と述べている。このような解釈から，相続税法での解釈において，借家権対応の敷地の底地部分については，所有者の財産として相続税の財産計算がされることとなる。

2 賃料収受権の帰属

相続税上では，上述した理由により，配偶者は配偶者居住権を設定しても，借家権相当の底地部分が配偶者の財産評価として除かれることは理解できる。それでは，賃貸併用住宅について配偶者居住権を設定した場合において，その賃貸併用住宅の賃料を配偶者に帰属すると相続時に遺産分割等で協議が行われたときに，その後において賃料を配偶者の所得として帰属できるのか，それとも所有者の所得として帰属させるべきなのか。ここでは，どちらに帰属するかをそれぞれの考え方を整理し検討する。

(1) 所有者に帰属するという説

まずは，所有者に帰属するという説（以下，「所有者帰属説」という。）である。

所有者に帰属する考え方は，民法の条文では，「その居住していた全部について無償で使用及び収益することができる権利」となっているが，配偶者居住権という言葉そのものを考えると，「居住の権利」であって，相続開始前の賃貸借契約には，使用借権としての権利は及ばないと考えるためである。立法担当者の堂薗氏によれば，「配偶者居住権の制度は，……遺産分割の際に，配偶者が居住建物の所有権を取得する場合よりも低廉な価額で居住権を確保することができるようにすること等を目的とするものである。」と述べている。立法趣旨としては，「居住の確保」を目的として創設されている制度であって，賃料収受権の獲得を視野に入れた制度ではないと考えることも可能である。また，現行の法定評価で定められている相続評価においても，賃料収受権が配偶者に及ばないと考えているため，整合性があるといえる。上述した通り，財務省『令和元年版　改正税法のすべて』499頁では，「居住建物の一部が貸し付けられている場合には，配偶者は相続開始時からその居住建物を賃借している賃借人に権利を主張することができない（対抗できない）ため，実質的に配偶者居

住権に基づく使用・収益をすることができない部分を除外して評価する必要があること」と解説されている。この相続税上の取扱いを，そのまま所得税上でも適用して，当然に，賃料収受権は所有者が有しているとするのが所有者帰属説となる。

(2) 配偶者に帰属するという説

もう一方の説は，配偶者に帰属するという説（以下，「配偶者帰属説」という。）である。

民法1028条において，配偶者居住権は，その居住していた建物の全部について無償で使用及び収益することができる権利とされている。民法上の当該規定をそのまま解釈する場合，配偶者に賃料収受権が帰属することとなる。立法担当者の堂薗氏によれば，「配偶者の使用権原等が及ぶ範囲は建物の全部である。したがって，配偶者は，相続開始前に居住建物の一部に居住した場合であっても，配偶者居住権を取得した場合には，それに基づき，配偶者居住権の全部を使用等をすることができる」[18]と述べている。さらに，「被相続人が居住建物の一部を第三者に賃貸していた場合でも，配偶者は配偶者居住権を取得することが可能である。配偶者居住権を取得した配偶者は，居住建物の所有者との関係では，第三者に賃貸された部分も含め，居住建物の全部について使用及び収益することができる権利を取得する。」[19]と述べている。これによれば，居住建物の一部を第三者に賃貸していた場合において，配偶者居住権の「建物の全部について無償で使用及び収益する権利」は，「第三者に賃貸された部分も含め」権利が及ぶこととなる。そのため，相続開始前に賃貸の用に供されていた居住建物において，被相続人の配偶者が取得した配偶者居住権には，賃貸部分にも権利が及ぶと考えられる。

次に，賃借人の有する対抗力について考察する。立法担当者の堂薗氏によれば，「もっとも，建物賃貸借においては建物の引渡しが対抗要件となるところ（借地借家法第31条），このように事例では，通常，賃借人が先に引渡しを受けているものと考えられることから，配偶者居住権による使用収益権限を対抗することができないことになるものと考えられる。このような場合には，一般的には，賃借人は，賃貸人たる地位を承継した居住建物の所有者に対して賃料を

支払うこととなる。[20]」と述べている。相続開始時点において相続人に当該相続財産が承継される前に賃借人に先に財産の権利（賃借権）が付与されている。その後，配偶者が相続開始後に取得する配偶者居住権による使用収益権限を収受することになる。そうすると，賃借人は，配偶者居住権による使用収益権限に対する対抗力を有していると考えられる。相続税の計算上での相続財産の評価額においては配偶者居住権の中には，賃借人の借家権に対応する敷地は含まれないと考えることができるのである。[21]

しかしながら，配偶者帰属説で考えるならば，次の2つの点で反論が可能である。

1つは，民法1032②によれば，居住建物は所有者の承諾を得れば，第三者に居住建物の使用若しくは収益させることができないと規定されている。これは，逆にいえば，所有者の承諾を得れば，第三者に使用及び収益ができるといえる。立法担当者の堂薗氏によれば，「配偶者が居住建物の所有者の承諾を得て居住建物の一部を賃貸する場合には，基本的には，これにより収益権原を取得した配偶者に賃料債権が帰属することになる[22]」と述べている。このことから，相続開始時に賃貸用物件であり，その賃貸部分を配偶者居住権に基づき「所有者の承諾を得て」賃料収受権を得ることは可能と考えることができる。

2つ目は，対抗力に関しても，賃借人の有する対抗力とは，賃借人の地位において，賃貸借契約の範囲以内において使用収益できる権利と考えることが妥当である。したがって，賃料収受権が所有者に帰属するか，配偶者に帰属するかは，対抗力の有無に関係なく，遺産分割協議等により決定した内容に基づきその権利が帰属することが妥当と考えられる。[23]

そのように考えた場合，相続税の計算上は，賃料収受権が配偶者に帰属する場合には，借家権に対応する敷地の底地部分は配偶者の相続財産と認識すべきと考えられる。

3 実質所得者課税の原則

上述したように，賃料収受権が配偶者に帰属するのか，所有者に帰属するのかについて，2つの説がある。では，そもそも，遺産分割等で合意した配偶者

に帰属させる「賃料収受権」は無効とすることができるのか。無効とできるならば，否認をするための個別具体的な法律はあるのか。ここでは，法律上の根拠を考察する。

否認の根拠として考えられるのは，所得税法12条の実質所得者課税の原則がある。

実質所得者課税の原則は，「①資産又は事業から生ずる収益の法律上帰属するとみられる者が，②単なる名義人であって，その収益を享受できず，その者以外の者がその収益を享受する場合には，③その収益はこれを享受する者に帰属するものとして，この法律を規定する。」とされている（①～③は追記した。）。

相続開始前から賃貸用に供していた配偶者が居住していた建物について，遺産分割等において配偶者居住権の設定と賃貸借契約部分についても配偶者が収受するとした場合には，真実の所得者は，配偶者と考えることが妥当である。遺産分割協議という，相続人の協議の中で，「賃料収受権は配偶者に帰属する」が決定しているため，遺産分割等で合意した権利は有効と考えるからである。この事実関係を所得税法12条の実質所得者課税の原則に照らし合わせると次の通りとなる。「①資産又は事業から生ずる収益の法律上帰属するとみられる者」は，「配偶者」となる。「②単なる名義人であって，その収益を享受できず，その者以外の者がその収益を享受する場合には，」の部分については，配偶者は単なる名義人ではなく，真実の所得者は配偶者となる。そのため，配偶者帰属説が正しいと考えるのが妥当といえよう。

4 賃貸併用住宅の場合に配偶者居住権を設定した場合の整合性

相続開始前から賃貸の用に供されている居住建物について，配偶者居住権が設定された場合において，その賃貸併用住宅の賃料収受権を配偶者に帰属させることは，民法上，想定されていると理解することが自然と考えられる。つまり，遺産分割協議等により，その賃貸併用住宅について，何ら議論がなされない場合は，居住建物の所有者から「承諾」を得ていないため，相続税において，居住建物の所有者に相続財産として帰属し，賃料収受権もその所有者に帰属することとなる。現行法との整合性とも一致している。

一方で，遺産分割協議等により，居住建物の所有者から，賃料収受権の帰属を配偶者とすることの承諾を得れば，民法1032③による承諾を得て，その居住建物の全部を無償で使用及び収益することができると考えることができる。また，実質所得者課税の原則に基づいた場合においても，真実の所得者は，配偶者と考えることができるため，賃料の帰属は配偶者となる。このように考えることができるため，所得税の取扱いとしては，賃料の帰属は配偶者となる。そして，相続税において，その居住建物の賃借人に権利を主張することはできないため，借家権とその借家権に対応する借地権部分については，配偶者は配偶者居住権の権利を主張することはできない。しかしながら，賃料収受権が所有者にないため，賃料収受権に相当すると考えられる借家権の底地部分については，配偶者の相続財産として計上することが妥当と考えられる。そのため，遺産分割等により，賃料収受権を配偶者に帰属することとなった場合には，相続税の計算上，借家権の底地部分については，配偶者の相続財産として計上するように，税制改正を行うべきと考える。

V　おわりに

　相続開始前から賃貸の用に供されている居住建物について，配偶者居住権が設定された場合において，その賃貸併用住宅の賃料収受権を配偶者に帰属させることは，民法上，想定されていると理解することが自然と考えられる。その場合，所得税上の所得の帰属は当然に，配偶者に帰属すると考えられる。一方で，相続税法では，賃料収受権が所有者に帰属しようが，配偶者に帰属しようが，所有者の相続財産として，賃料収受権に相当する借家権相当の敷地の底地部分が計上される。このような取扱いとなり，相続税法での計算方法に離齬があるため，相続税法において，賃料収受権の帰属によって，相続税の財産の帰属を定めるように税制改正を行うべきである。配偶者居住権は，令和2年4月1日に施行された改正民法により創設された新しい制度であるため，実態に即した整備されることが望まれる。

注

1) e-Stat 政府統計の総合窓口 「種類別　建物に関する登記の件数及び個数（平成 25 年～令和 4 年）」URL：https://www.e-stat.go.jp/stat-search/files?stat_infid=000040050693
2) 『令和元年版改正税法のすべて』（大蔵財務協会，2019 年）494 頁参照。
3) 堂薗幹一郎＝野口宣大編著『一問一答新しい相続法〔第 2 版〕』（商事法務，2020 年）47 頁。
　　立法担当者であった堂薗幹一郎氏（当時の法務省大臣官房審議官）によれば，「仮に，被相続人の生前に，被相続人が居住建物の一部から収益を得ていたのであれば，その収益については，相続分に従って各共同相続人に帰属させるのが相当であり，その収益まで配偶者に帰属させることとすれば，配偶者の居住権保護の目的を超えることになって相当でないためである。」と述べている。
4) 堂薗＝野口・前掲注 3）18 頁参照。
5) 堂薗幹一郎「配偶者居住権創設の趣旨と権利の概要」税研 38 巻 3 号（日本税務研究センター，2022 年）38，39 頁。
6) 名古屋税理士会公開研究討論会実行特別委員会編「配偶者居住権をめぐる法務と税務の論点」（名古屋税理士会，2023 年）95 頁。
7) 堂薗・前掲注 5）38, 39 頁参照。民法上，土地に関しては何も規定されていないが，現実に敷地の上に居住建物が存在する以上その配偶者居住権に必要な限度で敷地も利用することができると考えられる。
8) 堂薗・前掲注 5）39 頁。
9) 堂薗・前掲注 5）40 頁参照。
10) 堂薗・前掲注 5）39 頁参照。
11) 堂薗・前掲注 5）41 頁参照。
12) 坂田真吾「配偶者居住権の課題（建物の一部が賃貸用であった場合の混乱）」税研 38 巻 3 号（日本税務研究センター，2022 年）49 頁。
13) 国税庁 HP「配偶者居住権等の評価に関する質疑応答事例」について（情報）「配偶者以外の相続人が居住建物及びその敷地を取得した場合（PDF/321KB）」URL：https://www.nta.go.jp/law/joho-zeikaishaku/hyoka/200701/pdf/12.pdf を参考にして修正を加えている。
14) 国税庁 HP「配偶者居住権等の評価に関する質疑応答事例」について（情報）「賃貸あり（居住建物及びその敷地の共有なし）の場合（PDF/334KB）」URL：https://www.nta.go.jp/law/joho-zeikaishaku/hyoka/200701/pdf/20.pdf に修正を加えている。
15) 前掲注 2）494 頁参照。
16) 堂薗＝野口・前掲注 3）16 頁。
17) 堂薗＝野口・前掲注 3）9 頁。
18) 堂薗＝野口・前掲注 3）36 頁。
19) 堂薗＝野口・前掲注 3）15 頁。
20) 堂薗＝野口・前掲注 3）15 頁。
21) 坂田・前掲注 12）50 頁。
22) 堂薗・前掲注 5）39 頁。
23) 前掲注 6）145 頁。

特別会計の創設と財政民主主義

吉 田 貴 明
（帝京大学）

　はじめに

　2023年5月，「次元の異なる少子化対策」に関連して，特別会計の創設が検討される旨が報道された。同年6月には，「こども家庭庁の下に，こども・子育て支援のための新たな特別会計（いわゆる『こども金庫』）を創設し，既存の（特別会計）事業〔年金特別会計子ども・子育て支援勘定および労働保険特別会計雇用勘定（育児休業給付）〕を統合しつつ，こども・子育て政策の全体像と費用負担の見える化を進める。」とする閣議決定がなされている。

　憲法の要請する財政民主主義の視点から，特別会計に対しては，従前よりその弊害が広く指摘されている。このような状況においてもなお，特別会計の創設は許容されうるであろうか。本稿では，憲法の趣旨に立ち戻り，その要請するところを再確認したうえで，特別会計の創設に対して求められる正当性を検討する。

I　財政民主主義と「国会の議決」

　憲法は第7章において財政に関する規定を置いている。ここに，財政とは，「伝統的に，国家がその任務を達成するために必要な財力を調達し，管理し，使用する作用と定義されてきた」ところである。

　同章の通則的規定である憲法83条は，財政民主主義を明定している。同条は，「日本国憲法下における財政処理の基本原則を定めるものであって，これ以下の規定を包括する本章の総則的規定としての位置をしめる。」と解されており，「國會の議決に基く財政處理を要求している」点にこそ，その趣旨があるとさ

れている。議会が,「もともと国民が不当な負担を蒙ることをさけるために国の財政作用に適切なコントロールをおよぼす目的のために生まれたもの」であるとすれば,同条は,「単に形式的に財政国会中心主義を定めたというのでなく,広く財政民主主義の原則を宣言したもの」と解されるべきである。

　ここで,「国会の議決」に関して,同条は,「必ずしも国の財政作用に属するすべての行為について個別的に国会の議決が必要であるとする趣旨ではな」く,「ある場合には抽象的に,他の場合には具體的に同意を與えることを意味する｡」とされる。実際に,憲法84条は,租税の賦課徴収につき,法律という「一般的に定められた国会の意志」を要請する租税法律主義を明定している。「租税の賦課・徴収のような,国民に対し負担を課す権力的な作用に関しては,その徴収が国民の間で不平等に行われないような保障が要求される」ことが,その理由として挙げられる。他方,同85条は,国費の支出および債務の負担につき,「比較的に具体的・個別的な国会の意志」を必要としていると解されている。なぜなら,「国会の意志があまりに抽象的・一般的に表明されるとすると…,国会の議決にもとづいてなされることが,まったく無意味になってしまうおそれがある」からであるとされる。

　起草者による見解として,日本国憲法の制定をめぐる第90回帝国議会では,「國の財政を處理致しまする權限は,總て國會の議決に基いて之を行使すべきものであると云ふ原則を掲げまして,之を基本として必要なる諸規定を設け……るものと致しました」と説明されている。また,「財政を処理する権限」と「国会の議決」との関係について質問がなされた際には,「『財政を處理する』と云ふのは,廣義の行政に屬することは是は疑ひはございませぬ,内閣の指圖に基いて行動する行政部局が『財政を處理する』譯であります,併しそれに對しての嚴重なる條件は,國會の議決が之に當ると云ふのであります」との回答がなされている。

II　統一的会計の原則

　「国家のあらゆる歳入歳出は一団として唯一の会計を組織し統一的に経理されるべきこと」を,「統一的会計の原則」という。「特定事項に基づき得た歳入

をもって当該事項に関する歳出にあて各個の行政事項についてそれぞれ会計上の独立を認めること……を会計の全般について許したとすれば，財政上の統一を欠くに止まらず，国家財政の全体についての見通しをすることができず，結局において財政の計画性を欠き，濫費の弊を生むことになる。[23]」ことから，同原則が採用されている。

また，統一性の原則から派生して，「特定の収入と特定の支出を結びつけてはならないという原則」であるノン・アフェクタシオン（Non-affectation）の原則が導き出される。[24] この原則が要請されるのは，「収入と支出の充当関係を，ひとたび形成してしまうと，特定収入がある限り，特定支出を計上しなければならなくなる。[25]」からである。

Ⅲ　特別会計の意義

特別会計とは，「国の会計のうちある特定の行政目的を達成するために特定の歳入を以て特定の歳出に充て一般の歳入歳出と区分して経理される部分をいう。[26]」と定義されている。財政法13条2項[27]は，「〔①〕国が特定の事業を行う場合，〔②〕特定の資金を保有してその運用を行う場合〔③〕その他特定の歳入を以て特定の歳出に充て一般の歳入歳出と区分して経理する必要がある場合に限り，法律を以て，特別会計を設置するものとする。」と規定しており，同項にいう「法律」[28]として，実定法上，「特別会計に関する法律」[29]が挙げられる[30]。同項の趣旨は，次のように解されている[31]。

恐らく今日のように国の任務が拡大され国政も複雑となり予算が膨大化すると単一会計主義を固守しては却ってその合理的な処理が阻まれるからであろう。殊に国が企業その他一般の行政と異なる独立した事業を経営する場合にはその事業だけの収支を一般会計から区分しこれを経理するほうが，担当職員の責任を明確にし事業的意欲を刺激し事業の能率を発揮することになる。だからこの場合における例外的措置は単に已むを得ざる場合というような消極的理由からだけでなくむしろ国家事業の効率的な運営に資するという積極的理由によって説明されなければならない。法律が特に「特定の事業を行う

場合」を例示の冒頭に掲げたのもこのような積極的な意義があるものと解する。

　このような特別会計には，「負担あるいは投下資金とその使用との関係が明確にされて，国民がその使途についてコントロールすることが容易になり，かつ関係者の努力が明確に反映される結果，効率的な運営が可能になることが期待される。」として，積極的に評価される側面がある。しかし，統一的会計の原則からみれば，特別会計は安易に設置されるべきでない例外として位置づけられる。「特別会計の濫立は財政全般の通覧を妨げ，収入の多い部局における濫費の弊を招き易く財政全体の健全性を破壊するおそれがあり，国会や会計検査院による財政監督にも支障を来させるおそれを免れることができない」とされるからである。実際に，「これまでの年金特別会計の運営などをみると，特別会計の歳出により無駄な年金福祉施設を建設するなど年金の被保険者の利益に反する運営がなされてきた。特別会計が逆に国民による使途のコントロールを困難にするという皮肉な結果をもたらしていたのである。財政当局の目が届きにくいという特別会計の欠陥が露呈したものというほかはない。」と批判されている。また，「一般会計から特別会計へという予算間の財源の繰入れ，繰出しだけでなく，特別会計のあいだでも相互に繰入れが行われ」ており，「基本会計である一般会計の総覧性が著しく失われる。」結果にもつながりかねない。さらに，ノン・アフェクタシオンの原則に照らせば，③に分類される特別会計については，そもそも，「特定の歳入を以て特定の歳出に充て」るというしくみ自体に問題がある。

IV　特別会計をめぐる改革

　かつて現職の財務大臣により，次のような表現をもって，特別会計の弊害が指摘された例がある。「要するに，母屋ではおかゆ食って，辛抱しようとけちけち節約しておるのに，離れ座敷で子供がすき焼き食っておる，そういう状況が実際行われておるんです。本当に私はそういう感じを持っておるんです」。このような状況のもと，2005年に「行政改革の重要方針」と題する閣議決定がなされ，「『小さくて効率的な政府』の実現を特別会計改革においても目指す。」，

具体的には，特別会計の「設立要件を厳格化するほか」，「既存の特別会計についても，5年ごとにその設置の要否を見直す」こととされた。[38]

一連の特別会計改革の結果，その設置数は，2007年度から2017年度までに，31から13まで減少している。[39] こうした経緯を前提とすると，従前の流れとは逆行するかたちで，新たな特別会計をあえて創設することの意義やその必要性が，十分に説明されなければならない。

V 特別会計の実情

わが国の2024年度予算では，一般会計における歳出総額は112.6兆円である。[40] これに対し，特別会計における歳出総額は436兆円であり，[41] 4倍に近い規模となっているようにみえる。ところが，会計間，勘定間の繰入・繰出額92.6兆円，国債の借換額135.5兆円を除いた純計額は207.9兆円にすぎず，[42] 金額に大きな隔たりがある。このような計算のしくみは，一般国民にとっては容易には理解しがたく，財政全般の通覧は妨げられているといわざるを得まい。

特別会計に関する法律は，「特別会計の財務に関する状況を示す情報が広く国民に公開されること」を基本理念の1つとして掲げている（1条の2第5号）。「国民が不当な負担を被ることのないよう，財政処理の一般原則として，国の財政作用全般に対する国民による民主的コントロール＝財政民主主義の原則が要請される[43]」という憲法83条によれば，特別会計に関する法律1条の2第5号の趣旨は，単に情報を公開すれば足りるというものではない。その内容が一般国民による理解に困難を生じさせるものであるとすれば，必ずしも財政民主主義に資するとはいえない。

ここで，「こども金庫」の主たる部分となると推測される年金特別会計子ども・子育て支援勘定を取り上げ，特別会計の実情を概観する。

1 年金特別会計子ども・子育て支援勘定

2024年度予算において，同勘定の歳入歳出は下表のとおりであり，[44] 資金の流れは下図のとおりである。[45] 次の点を指摘しておきたい。

(単位：億円)

歳　　出		歳　　入	
児童手当等交付金	15,246	事業主拠出金収入	7,309
子ども・子育て支援推進費	17,623	一般会計より受入	26,197
地域子ども・子育て支援及仕事・子育て両立支援事業費	4,592	積立金より受入	1,035
業務取扱費，諸支出金	45	子ども・子育て支援特例公債金	2,219
他会計へ繰入れ	27	雑収入	104
予備費	40	前年度剰余金受入	709
合　　計	37,572	合　　計	37,572

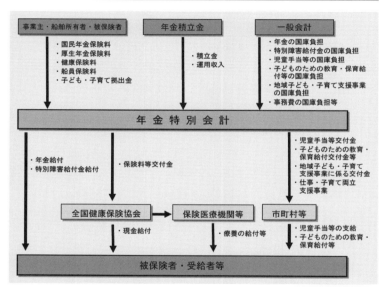

　まず，歳入に関し，「一般会計より受入」を除けば，子ども・子育て支援法69条に基づく拠出金[46]が，同勘定における主たる部分を占める。一般会計を通じた租税負担部分とあわせて，「子育て費用を社会全体で分かち合〔う〕[47]」制度が実施されているといえよう[48]。

　次に，歳出に関し，「地域子ども・子育て支援及仕事・子育て両立支援事業費」のうち，「仕事・子育て両立支援等に必要な経費」2,518億円は，民間団体が行う事業に要する費用の補助である[49]。このほか，「地域子ども・子育て支援

に必要な経費」2,074億円，ならびに，「児童手当等交付金」15,246億円，および，「子ども・子育て支援推進費」17,623億円は，いずれも，地方公共団体の行う事業に対する交付金等である。国の特別会計から支出された交付金や事業費が明確化されたとしても，各地方団体の会計を通覧しない限り，現実に地方団体が担当しまたは独自に実施した施策に係る金員まで可視化できたとはいい難い。

2 「こども金庫」の内容と課題

「こども・子育て政策の全体像と費用負担」を可視化する[51]という点に鑑みれば，国家として達成すべき目標を明確にしたうえで，その過程を明示するという意味において，特別会計新設の必要性を肯定する要素の1つになりうる。その具体的な施策は，「若者・子育て世代の所得を伸ばさない限り，少子化を反転させることはできない[52]」という立場に基づき，次に掲げる4本の柱を提示している。①ライフステージを通じた子育てに係る経済的支援の強化，若い世代の所得向上に向けた取組み[53]，②全てのこども・子育て世帯を対象とする支援の拡充[54]，③共働き・共育ての推進[55]，④こども・子育てにやさしい社会づくりのための意識改革[56]である。

「年金特別会計子ども・子育て支援勘定」による事業と大きく変わらない限りにおいて，「こども金庫」による一連の施策の大部分は，親（親になろうとする者を含む。以下同じ。）を対象とする経済的支援である。したがって，その正当性は，第一義的には，親の自己決定権に根拠を求めることができる[57]。「家族関係は，世代を追って文化や価値を伝えていくという意味で，社会の多元性の維持にとって基本的な条件であ」り，「それは，個人の自己実現・自己表現という人格的価値を有するが故に，基本的には，人格的自律権の問題」である[58]。そこで，「憲法は，すべての個人が1人の市民として尊重されるべきだとの立場から，平等を保障し，政治参加のプロセスに関する諸権利を保障し，その一環として家族及び性的事項は，政治的共同体を支え，受け継いでいくために不可欠な権利と認めて，家族及び性的事項に関する自己決定権…を定めた[59]」ものと解される。

対照的に，こども自身の視点に立てば，憲法13条および25条を根拠とした，「個人が人格的に自律した存在として主体的に自らの生き方を追求していくことを可能にするための条件整備」を，「こども金庫」創設の正当性と位置づけることができる[60]。すなわち，こどもは，憲法13条により，人格的自律権を保障されている。これが実現される環境を整備するよう請求することもまた，同25条により，生存権として保障されている。他方，国家は，同条2項に基づき「こどもたちがいかなる環境，家庭状況にあっても，分け隔てなく大切にされ，育まれ，笑顔で暮らせる社会の実現を図る[61]。」責務を負うこととなる[62]。

ただし，こうした施策が，国家による経済的支援の名を借りた個人のReproductive Rightsに対する過干渉とならないかが危惧される。地方団体による施策の実施が違法な財務会計上の行為に該当することとなれば，住民訴訟を通じた司法審査（および，その前段階としての住民監査請求）に服することとなる（地方自治法242条，同法242条の2）。ところが，国が直接に実施する事業の場合には，住民訴訟に相当する制度（いわゆる国民訴訟ないし納税者訴訟）は存在しないため，司法による是正に期待することは困難であろう。現行の制度を前提とすれば，国民による直接の統制はきわめて限定的であり，結局のところ，民主主義過程を通じた国会による統制にゆだねる以外にないであろう[63]。

おわりに

本稿では，財政民主主義の観点から，特別会計の問題点，および，その新設につき要請される正当性について検討した。

「こども金庫」を原資とする一連の施策は，その大部分が親世代に対する経済的支援である。そのため，「こども金庫」創設の正当性は，第一義的には，親の自己決定権に求められる。家族に関する自己決定権を十全に行使できる環境を，経済的な側面から整備することにこそ，「こども金庫」の意義がある。他方，これらの施策は，親世代のみならず，こども自身の人権保障にも資するものでもある。したがって，国家は，こどもの人格的自律の実現，および，そのために必要な「健康で文化的な最低限度の生活」を営みうる社会を構築する責務を有することとなる。さらに，これらの施策は，究極的には，わが国の経済社会，

ひいては国民全体にも利益をもたらすものとなる。このように，親，こども，国家，国民全体それぞれの立場から，「こども金庫」創設による政策の全体像および費用負担の可視化に係る正当性は説明できよう[64]。

　財政，とりわけ特別会計に対しては，国民による統制が限定的である現行法下においては，民主主義過程を通じた立法による統制がきわめて重要である。新たな特別会計が同じ轍を踏まないよう，我々自身が主権者として政府の動きを監督していかなければならない。

注

1) 「子供予算を一元管理へ　政府，特別会計創設を検討」産経新聞朝刊東京版2023年5月17日，5面，「子ども予算に特別会計案　政府，給付・負担を一元管理」日本経済新聞朝刊2023年5月17日，5面等参照。
2) 内閣官房「こども未来戦略方針（令和5年6月13日閣議決定）」24頁（https://www.cas.go.jp/jp/seisaku/kodomo_mirai/pdf/kakugikettei_20230613.pdf，2024年5月31日最終閲覧）。あわせて，内閣官房「こども未来戦略（令和5年12月22日閣議決定）」（https://www.cas.go.jp/jp/seisaku/kodomo_mirai/pdf/kakugikettei_20231222.pdf，2024年5月31日最終閲覧）30頁参照。
3) 「こども金庫」未設置の令和6年度予算では，年金特別会計子ども・子育て支援勘定において37,572億円が，労働保険特別会計雇用勘定（育児休業給付費）において8,555億円が，それぞれ歳出として計上されている。財務省「令和6年度特別会計予算」271頁および207頁（https://www.bb.mof.go.jp/server/2024/dlpdf/DL202412001.pdf，2024年5月31日最終閲覧）。
4) 雄川一郎ほか編『現代行政法大系第10巻』1頁〔金子宏〕（有斐閣，1984）。
5) 近年におけるいわゆる基本書の定義としては，たとえば，大石眞『憲法概論I　総説・統治機構』425頁（有斐閣，2021），佐藤幸治『日本国憲法論（第2版）』571頁（成文堂，2020），辻村みよ子『憲法（第7版）』475頁（日本評論社，2021），橋本基弘『日本国憲法を学ぶ（第3版）』86頁（中央経済社，2023），毛利透ほか『憲法I　総論・統治（第3版）』182頁〔淺野博宣〕（有斐閣，2022）等参照。
6) 樋口陽一ほか『注釈日本国憲法下巻』1305頁〔浦部法穂〕（青林書院，1988）。
7) 法学協会編『註解日本国憲法下巻』1259頁（有斐閣，1954）。
8) 樋口ほか・前掲注6）・1306頁〔浦部〕。
9) 宮澤俊義（芦部信義補訂）『全訂日本国憲法』707頁（日本評論社，1978）。議会の権限について，中里実『財政と金融の法的構造』202頁以下（有斐閣，2018）参照。
10) 樋口ほか・前掲注6）・1305頁〔浦部〕。
11) 樋口ほか・前掲注6）・1308頁〔浦部〕。
12) 法学協会・前掲注7）・1261頁。
13) 宮澤・前掲注9）・709頁。

14) 樋口ほか・前掲注 6 ）・1308 頁〔浦部〕。
15) 法学協会・前掲注 7 ）・1259 頁は，「〔国会が定めた〕基準はむしろ一般的抽象的であることによつて平等性が保障せられる。それはまさに法律による行政の原理の適用せられる場合である」としている。これは合法性の原則を意味するものであろう。金子宏『租税法（第 24 版）』86 頁（弘文堂，2021）によれば，「課税要件が充足されている限り，租税行政庁には租税の減免の自由はなく，また租税を徴収しない自由もなく，法律で定められたとおりの税額を徴収しなければならない」という原則を，合法性の原則といい，「その根拠は，このように解さなければ，租税法の執行にあたって不正が介在するおそれがあるのみでなく，納税者によって取扱〔い〕がまちまちになり，税負担の公平が維持できなくなる，ということにある」と解されている。

なお，近年の研究では，「合法性の原則は租税法律主義の内容の 1 つと考えるよりも，一般的な法による行政の原理と，租税公平主義の内容としての『税務行政庁は納税者を平等に扱わねばならない』という準則の中に包摂して理解するのが妥当であるというべきであろう」と解されている（佐藤英明「租税法律主義と租税公平主義」金子宏編『租税法の基本問題』70 頁（有斐閣，2007））。
16) 宮澤・前掲注 9 ）・709 頁。
17) 宮澤・前掲注 9 ）・709 頁。
18) 第 90 回帝國議會衆議院「帝國憲法改正案委員會議錄（速記）第 2 囘」1 頁〔金森徳次郎発言〕（昭和 21 年 7 月 2 日）。なお，帝国議会における議論に関して，清水伸『逐条日本国憲法審議録第 3 巻』（原書房，1976）を参照した。
19) 第 90 回帝國議會貴族院「帝國憲法改正案特別委員會議事速記錄第 21 号」1 頁〔澤田牛麿発言〕（昭和 21 年 9 月 25 日）。
20) 第 90 回帝國議會貴族院・前掲注 19）〔金森徳次郎発言〕。
21) 憲法 73 条 5 号の規定する内閣の予算提出権については，「豫算と云ふものは内閣それ自身の責任に於て作成し，議會に持つて行く所の提出の方向を採ると云ふことを意味して居ります」（第 90 回帝國議會貴族院「帝國憲法改正案特別委員會議事速記錄第 19 号」30 頁〔金森徳次郎発言〕（昭和 21 年 9 月 21 日））と説明されている。
22) 杉村章三郎『財政法（新版）』37 頁（有斐閣，1982）。

神野直彦『財政学（第 3 版）』91 頁（有斐閣，2021）は，「収入と支出が計上される予算は，1 つでなければならないという予算原則」を統一性の原則としている。また，雄川ほか編・前掲注 4 ）・150 頁〔兵藤〕は，「予算は，毎会計年度における施策を網羅して一目瞭然と通覧することができるよう，単一の会計（一般会計）で一団として経理することが望ましいとする考え方」を「予算単一の原則」としている。
23) 杉村・前掲注 22）・37 頁。
24) 神野・前掲注 22）・91 頁。
25) 神野・前掲注 22）・91 頁。
26) 杉村・前掲注 22）・154 頁。
27) 前田努編『令和 2 年改訂版 会計法精解』8 頁（大蔵財務協会，2020）は，一般会計について，次のように定義している。「特別会計に属する収入支出を除くほか，すべての収入支出はこれを統合して一団として経理すべきである。この経理を行う会計が国の基本

会計ともいうべき一般会計である」。ここにいう「会計」とは，形式的観念としてのものを意味する。雄川ほか・前掲注4）・149頁〔兵藤〕参照。

28) 前田・前掲注27）・8頁によれば，2023年度において設置されている13の特別会計を前記①〜③に分類すると，次のとおりとなる（以下，本脚注においては「特別会計」の字句は省略する。）。

①に該当するものとして，地震再保険（特別会計に関する法律2条1項2号），労働保険（同項7号），年金（同項8号），食料安定供給（同項9号），特許（同項15号），自動車安全（同項17号），東日本大震災復興（同項18号）が挙げられる。

②に該当するものとして，財政投融資（同項4号），外国為替資金（同項5号）が挙げられる。

③に該当するものとして，交付税及び譲与税配付金（同項1号），国債整理基金（同項3号），エネルギー対策（同項6号），国有林野事業債務管理（同法附則67条の2。これは，国有林野の有する公益的機能の維持増進を図るための国有林野の管理経営に関する法律等の一部を改正する等の法律（平成24年法律第42号）によって廃止された旧国有林野事業特別会計から承継した債務の償還を目的として設置されている。）が挙げられる。

29) 同法は，「現代の財政運営では統一性の原則を厳格に守ることが困難だとしても，こうした事態〔31もの特別会計が設置されている事態〕は望ましくない。」（神野・前掲注22）・110頁）ことから，後述の特別会計改革の一環として，2007年に制定された。

30) 従前は，個別法律において，さまざまな規定がおかれていた。財政法45条は，「各特別会計において必要がある場合には，この法律の規定と異なる定めをなすことができる。」と規定しているところ，「各個の特別会計法の定める例外規定は多種であり，不統一も甚だしい状態である。」（杉村・前掲注22）・155頁）とか，「特別会計に関する規律は，各個の法律でその制定時における必要に応じてそのつど設けられた観があり，確固たる指導原理がなく，終戦時のものがそのままに現行法となっているもの，経理に関する重要な事項が法律でなく施行令で規定されているもの，その他立法の体裁にも統一がない。」（同165頁）といった批判があった。「特別会計に関する法律」の制定により，個別法律は廃止され，現在では統一的に規定されている。

31) 杉村・前掲注22）・155頁。

32) 碓井光明『社会保障財政法精義』41頁（信山社，2009）。

33) 杉村・前掲注22）・154頁。

34) 碓井・前掲注32）・41頁。

35) 神野・前掲注22）・111頁。

36) 神野・前掲注22）・111頁。

37) 第156回国会衆議院「財務金融委員会議録第6号」15頁〔塩川正十郎財務大臣発言〕（平成15年2月25日）（https://kokkai.ndl.go.jp/minutes/api/v1/detailPDF/img/115604376X00620030225，2024年5月31日最終閲覧）。

38) 総務省「行政改革の重要方針（閣議決定）」7-8頁（平成17年12月26日）（https://www.soumu.go.jp/iken/pdf/051227_01_1.pdf，2024年5月31日最終閲覧）。その具体的内容は，①事業の必要性の減じた特別会計の廃止，②国が担う必要性の薄いものの民間委託化，国が直接行う必要性の薄いものの独立行政法人化，③一般会計と区分経理する

必要性の薄れたものの廃止（一般会計化），事業の性質により独立行政法人化等の検討，④事業類型が近似している特別会計で区分経理の必要性の認められるものの統合，の4点である（同8頁）。

39）　財務省「特別会計ガイドブック（令和5年版）」23頁（https://www.mof.go.jp/policy/budget/topics/special_account/fy2023/2023-zentaiban.pdf，2024年5月31日最終閲覧）によれば，特別会計の統廃合の流れは次のとおりである（以下，本脚注においては「特別会計」の字句は省略する。）。

　　2007年度，①石油及びエネルギー需給構造高度化対策および電源開発促進対策がエネルギー対策に，②国民年金および厚生保険が年金に，③農業経営基盤強化措置および食糧管理が食料安定供給に，それぞれ統合された。2008年度，④財政融資資金および産業投資が財政投融資に，⑤自動車損害賠償保障事業および自動車検査登録が自動車安全に，⑥空港整備，道路整備，治水，港湾整備および都市開発資金融通が社会資本整備事業に，それぞれ統合される一方，⑦国営土地改良事業が一般会計化された。2010年度，⑧労働保険および船員保険が労働保険に統合された。また，⑨国立高度専門医療センターが独立行政法人化されるとともに，⑩特定国有財産整備が一般会計化された。2011年度，⑪登記が一般会計化された。2014年度，⑫農業共済保険および漁船再保険及び漁業共済保険が食料安定供給に統合されるとともに，⑬社会資本整備事業のうち，空港整備事業等に関する経理が自動車安全において行うこととされ，その他の部分が一般会計化された。2015年度，⑭森林保険が国立研究開発法人に移管された。2017年度，⑮貿易再保険が廃止された。

　　なお，この間に新設された特別会計は，東日本震災復興（2012年度）のみであった。

40）　財務省「令和6年度予算のポイント」2頁（https://www.mof.go.jp/policy/budget/budger_workflow/budget/fy2024/seifuan2024/45.pdf，2024年5月31日最終閲覧）。

41）　財務省「特別会計について（令和6年度予算）」1頁（https://www.mof.go.jp/policy/budget/budger_workflow/budget/fy2024/seifuan2024/37.pdf，2024年5月31日最終閲覧）。

42）　財務省・前掲注41）「特別会計について（令和6年度予算）」・1頁。

43）　樋口・前掲注6）・1306頁〔浦部〕。

44）　財務省・前掲注3）「令和6年度特別会計予算」・31-32頁。

45）　財務省・前掲注39）「特別会計ガイドブック（令和5年版）」・107頁。

46）　碓井・前掲注32）・440頁は，最大判平成18・3・1民集60-2-587（旭川市国民健康保険条例事件）を引用し，「『国又は地方公共団体が，課税権に基づき，その経費に充てるための資金を調達する目的をもって，特別の給付に対する反対給付としてでなく，一定の要件に該当するすべての者に対して課する金銭給付は，その形式のいかんにかかわらず，憲法84条に規定する租税に当たるというべきである』という租税の定義に従えば，〔事業主拠出金は〕疑いもなく租税である。」としたうえで，「事業主拠出金率は，自動的に算定される性質のものではない。」点に鑑みれば，「現在の事業主拠出金率の定め方は，租税法律主義に違反すると言わざるを得ない。」としている。その根拠について，太田匡彦「社会保障における租税以外の費用負担形式に関する決定のあり方について―あるいは，租税と社会保障／社会保険の一断面」金子宏監修・中里実ほか編集代表・渋谷雅弘ほか

編『現代租税法講座第 1 巻理論・歴史』93 頁,109-110 頁(日本評論社,2017)は,①「事業主が児童手当を受給するわけではないから,拠出金を児童手当の反対給付と理解することはできない。」し,②「仮に個々の被用者について自ら負担する拠出金額を計算したとしても,その額と各被用者が条件を満たした場合に受給する児童手当額との間に連関はない。」ことに鑑みれば,事業主拠出金には,「事業主との関係でも被用者との関係でも保険給付に認められるような反対給付性を基礎付ける関連が認められない。」としている。

なお,「社会保障の機能として挙げられるのが,第 1 に,所得再分配機能である」(菊池馨実『社会保障法(第 3 版)』14 頁(有斐閣,2022))という視座からは,第一次的には,「再分配の目的に利用され」る「累進所得税や相続税」(金子・前掲注 15)・5 頁)が,その財源として位置づけられるべきである。

47) 全世代型社会保障構築会議「全世代型社会保障構築会議報告書」(令和 4 年 12 月 16 日)3 頁(https://www.cas.go.jp/jp/seisaku/zensedai_hosyo/pdf/20221216houkokusyo.pdf,2024 年 5 月 31 日最終閲覧)。
48) このような国家による金銭給付義務の賦課が許容されるのは,「間接的関係に止まる。」とはいえ,「なんらかの意味で国家のサービスの受益者であることはたしかである」こと(金子・前掲注 15)・11 頁)に求められる。
49) 財務省・前掲注 3)「令和 6 年度特別会計予算」・273-274 頁。
50) 財務省・前掲注 3)・273-274 頁。
51) 内閣官房・前掲注 2)「こども未来戦略」・30 頁。
52) 内閣官房・前掲注 2)「こども未来戦略」・2 頁。
53) 内閣官房・前掲注 2)「こども未来戦略」・14-18 頁。前者には,①児童手当の拡充,②出産等の経済負担の軽減,③医療費等の負担軽減,④高等教育費の負担軽減,⑤子育て世帯に対する住宅支援の強化が該当する。後者には,⑥個人の主体的なリ・スキリングへの直接支援,および,⑦いわゆる年収 106 万円/130 万円への対応が該当する。
54) 内閣官房・前掲注 2)「こども未来戦略」・18-24 頁。具体的な施策として,①妊娠期から切れ目のない支援の拡充,②幼児教育・保育の質の向上,③全ての子育て家庭を対象とした保育の拡充,④新・放課後子ども総合プランの着実な実施,⑤多様な支援ニーズへの対応が挙げられる。
55) 内閣官房・前掲注 2)「こども未来戦略」・24-28 頁。具体的な施策として,①男性育休の取得促進,②育児期を通じた柔軟な働き方の推進,③多様な働き方と子育ての両立支援が挙げられる。
56) 内閣官房・前掲注 2)「こども未来戦略」・28-29 頁。
57) 仮称ではあるものの,「こども金庫」には,「家庭」ないし「家族」の語が含まれていない。このことから,「こども金庫」を財源とする施策は,こどもを中心においたうえで,親に対する経済的支援はその「手段」の 1 つにすぎないとみていると解される。この意味において,フランスにおける「全国家族手当金庫」とは異なる理念をもつものであろう(子ども・子育て新システム検討会議作業グループ基本制度ワーキングチーム第 1 回会合(平成 22 年 9 月 24 日)参考資料 3「基礎資料幼児教育・保育を巡る現状等(データ編)」12 頁(https://www8.cao.go.jp/shoushi/shinseido/meeting/review/wg/kihon/k_1/

pdf/ref3-2.pdf, 2023 年 9 月 29 日最終閲覧）。なお，現在は，当該 PDF ファイルの閲覧には，国立国会図書館「インターネット資料収集保存事業」を利用する必要がある（https://warp.da.ndl.go.jp/info/ndljp/pid/13103332/www8.cao.go.jp/shoushi/shinseido/meeting/review/wg/kihon/k_1/pdf/ref3-2.pdf, 2024 年 5 月 31 日最終閲覧）。

　所得税制度との関連では，日仏における課税単位の相違が影響していると考えられるかもしれない。加藤由佳『多様化する家族と租税法』113 頁（中央経済社，2021）によれば，「N 分 N 乗制度では，子どもが多い世帯ほど税負担が軽くなるため，フランスでは戦後の人口減に対する政策的見地から採用され」ている。わが国においても，重松修＝吉積祐介「わが会の税制改正意見　所得税の課税単位について，世帯単位課税制度を導入すること」税研 230 号 70 頁は，N 分 N 乗方式の導入を提言している。対照的に，少子化対策としての同制度の導入につき否定的な見解として，上西左大信「所得税における課税単位のあり方―『所得合算・分割課税方式』の検討を中心に―」税研 231 号 39 頁がある。

58)　佐藤・前掲注 5)・214 頁。
59)　松井茂記『日本国憲法（第 4 版）』475 頁（有斐閣, 2022）。また，SHIGENORI MATSUI, SEX, SEXUALITY AND THE CONSTITUTION (2022) (ebook - Kobo) は，「人口政策があらゆる政府にとってきわめて重要であることに，疑いの余地はない。……経済社会の維持または発展に必要とされる人口に満たない場合，同じ目標〔十分な食糧や資源の確保（to secure sufficient food and resources for everyone.）〕を達成するためには，人口すなわち労働力を増やす必要があろう。」としている。
60)　菊池・前掲注 46)・122 頁。
61)　内閣官房・前掲注 2)「こども未来戦略」・ 3 頁。
62)　菊池・前掲注 46)・123 頁は，憲法 13 条に基づく「人格的利益の実現を図るため，憲法 25 条 1 項 2 項が規定するように，国家は社会保障制度を整備し，一定の財・サービスの供給を確保する責任を負う一方で，それに対応する形で，国民は一定の限度で財産権への制約（憲法 29 条 2 項）を甘受することになる。」としている。

　少子化対策の帰結として，国民は，間接的であるとはいえ，経済社会からさまざまな恩恵を受けることとなり，「国家のサービスの受益者」（金子・前掲注 15)・11 頁）としての立場から，租税や拠出金などを負担することとなる。これは，個々の国民が自ら子育てに関与しているかどうかにかかわらず，財産権の内在的制約（29 条）として承服しなければならない。

63)　これを端的に示す事例として，東京高判平成 3 ・ 9 ・17 判時 1407-54（良心的軍事費拒否事件）がある。本件では，「所得税は，国の各般の需要に充てるため，別段使途を定めることなく国民各層から法令の定めに従い，公平かつ平等に賦課，徴収される普通税であり，一方，右賦課，徴収された税金をどのように使用するかは，財政民主主義の精神に則り，主権者である国民の代表者を通じて国会における予算審議を経たのちに決定されるものであって，いわば，租税（普通税）の賦課，徴収と予算に基づく国費の支出とは，その法的根拠及び手続を異にし全く別個のものであり，現行法制下においては，両者の間には直接的，具体的な関連性を認めることは困難といわざるを得〔ない〕」と判示されている。

64)「妊娠期から出産・子育てまで，身近な場所で相談に応じ，多様なニーズに応じた支援につなぐ『伴走型相談支援』」（内閣官房・前掲注2）「こども未来戦略」・18頁）について，地方団体における事例が紹介されている（厚生労働省「出産・子育て応援交付金事業の事例集（第1版）」（令和5年3月3日）（https://www.cfa.go.jp/assets/contents/node/basic_page/field_ref_resources/be80930d-51d1-4084-aa3e-b80930646538/e11e1abc/20230401_policies_shussan-kosodate_01.pdf，2024年5月31日最終閲覧），こども家庭庁「出産・子育て応援交付金事業の事例集（第2版）」（令和6年1月26日）（https://www.cfa.go.jp/assets/contents/node/basic_page/field_ref_resources/be80930d-51d1-4084-aa3e-b80930646538/48ba29ec/20240205_policies_shussan-kosodate_29.pdf，2024年5月31日最終閲覧）．

　ここに掲げられている取組みのなかで，専門的知識をもつ職員による面談，出産・子育て応援ギフトの提供，母子手帳アプリケーションを通じた各種の情報提供や申請等は，とりわけ，はじめての妊娠においては，住民にとって大変に心強いものであると実感した。たしかに，こうした事業に関する予算は，あえて特別会計を新設してまで計上する必要はないとの見解もありうるかもしれない。しかし，「我が国の持てる力を総動員し，少子化対策と経済成長実現に不退転の決意で取り組まなければならない。」（内閣官房・前掲注2）「こども未来戦略」・1−2頁）という国家の責務を明確にする意味では，当該事業に係る直接の受益者として大いに期待するところであり，当該特別会計に対しては肯定的な評価を付しておきたい（論稿において個人的事情の開陳が憚られることは論を俟たない。しかし，執筆者自身が，本稿執筆中に「子育て世帯」の一員となるに至ったことから，本稿と関連する限りにおいて，一当事者の立場からの言明を海容願いたい。）。

金融システムの安定化と法人税法における貸倒引当金の関係についての考察

小　森　将　之[*]
（日本銀行金融研究所）

I　はじめに

　1999年，「監督当局の検査監督機能の向上及び透明な行政の確立に資するだけでなく，金融機関の自己責任に基づく経営を促し，もって金融行政全体に対する信頼の確立」を企図して，いわゆる金融検査マニュアルが通達として整備・公開された。[1] 金融機関における企業会計上の貸倒引当金の取扱いについては，「金融検査マニュアルに準拠した償却・引当てを行えば会計監査上も妥当な処理と認められること」[2]から，金融検査マニュアルに基づき，「過去の貸倒実績のみに依拠して引当を見積もる実務が定着した」[3]とされている。こうした実務上の取扱いは，対象となる債権の範囲等は異なるものの，過去の貸倒実績率を用いるという点で，法人税法における一括評価金銭債権に係る貸倒引当金の繰入限度額の算定方法と類似の取扱いである（法人税法52条2項，法人税法施行令96条6項）。

　もっとも，近年の企業会計においては，いわゆるフォワードルッキングな貸倒引当金の見積り手法（以下，「FL引当」という。）も用いられている。詳細は後述するが，FL引当とは，一般に，「過去の実績のみに依拠するのではなく，現在および将来の情報を引当に反映することを目的とした手法」[4]であり，個別金融機関における信用リスク管理の高度化，ひいては金融システムの安定化に資するものと考えられる。本邦金融機関のなかには，既に一般貸倒引当金の見積り手法としてFL引当を導入している事例もある。[5]

　一般貸倒引当金の対象となる債権は，法人税法にいう一括評価金銭債権に近い概念と考えられる。そうしたもとで，一般貸倒引当金の算定方法として金融

173

システムの安定化等に資する観点からFL引当の導入が検討・実施されていると考えられるなか，法人税法との関係はどのように整理すべきであろうか。この点，少数説とは考えられるものの，金融機関に許容されている貸倒引当金の損金算入を，金融システムの安定化を企図した政策税制と解する見解に立脚すれば[6]，法人税法における貸倒引当金，特に一括評価金銭債権に対する貸倒引当金について，より政策目的に適合するような仕組みを考察する余地がないこともなさそうである。

本稿の主題は，金融機関に許容されている貸倒引当金の損金算入を，金融システムの安定化を企図した政策税制と解する立場から，より金融システムの安定化に資するような一括評価金銭債権に対する貸倒引当金の算定方法を考察することである。考察に当たっては，FL引当が参考になると思われるが，税法や税務会計の観点からFL引当について言及した先行研究はいまだ僅少である[7]。このため，企業会計におけるFL引当と法人税法における貸倒引当金との関係に係る議論のたたき台を提供することも，本研究の目的の1つである[8]。

以下では，Ⅱ節で企業会計におけるFL引当の概要を，Ⅲ節で法人税法における貸倒引当金の概要を確認する。その後，Ⅳ節では，思考実験として，より金融システムの安定化に資するような一括評価金銭債権に対する貸倒引当金の算定方法を考察する。Ⅴ節は本稿のまとめである。

Ⅱ　フォワードルッキングな貸倒引当金の見積り手法の概要

本節では，FL引当が開発された背景および本邦における導入状況を確認し，FL引当の目的が，主として金融機関における信用リスク管理の高度化，ひいては金融システムの安定化を企図したものであることを明らかにする。

1　開発の背景

FL引当の起源は必ずしも明らかではないが，遅くとも2007年の米国サブプライム住宅ローン問題を契機とした世界金融危機の発生をうけて，FL引当の開発に係る検討が本格化したと思われる。具体的な背景としては，世界金融危機において，金融機関の「大きすぎて潰せない（Too big, to fail：TBTF）問題」

が国際的に最も重要な政策課題の1つとなったことや,貸倒引当金の「少なす
ぎ,遅すぎる（Too little, too late）問題」[9]も大きな論点となったことが考えられ
る。

貸倒引当金の「少なすぎ,遅すぎる問題」とは,当時の貸倒引当金に係る会
計処理は,「融資の回収不能が見込まれる客観的な事象が発生している場合に
のみ損失を計上する『発生損失型』の枠組みを基本としていたが」,金融経済
情勢が急速に悪化したような場合,当該枠組みでは,適時に適切な額の（すな
わち,「少なすぎ,遅すぎ」でない）貸倒引当金を計上することが困難という問題
である。[10]

2009年,金融安定化フォーラム（Financial Stability Forum：FSF）[11]は,貸倒
引当金の「少なすぎ,遅すぎる」問題について,「より早期に貸倒損失を認識で
きていれば,世界金融危機でみられた景気循環増幅効果（procyclicality）を抑制
可能だった」との認識を示したうえで,「広く入手可能な信用情報を統合した
貸倒損失を認識および測定するための代替的なアプローチを考慮することによ
って,発生損失モデルを再考すべき」と勧告（Recommendation）[12]した。そして,
当該勧告をうけて,2018年には国際会計基準審議会（International Accounting
Standards Board：IASB）が,2020年には米国財務会計基準審議会（Financial
Accounting Standards Board：FASB）が,それぞれ予想信用損失モデルに基づ
く貸倒引当金,すなわちFL引当の適用を開始した。[13]なお,本稿執筆時点にお
いて,本邦基準設定主体による予想信用損失モデルに係る貸倒引当金の会計基
準については,いまだ開発中の段階にある。

IASBやFASBが設定したFL引当の基準は,金融機関のみならず,一般事
業法人の利用も想定されている。ただし,FL引当が開発された背景を踏まえ
ると,FL引当の主たる目的は,金融機関における信用リスク管理の高度化,
ひいては金融システムの安定化にあると考えられよう。

2 本邦金融機関における導入状況

本邦金融機関では,遅くとも2019年頃からFL引当の導入に関する検討が
本格化した。その契機となったのは,2019年12月の金融庁による金融検査マ

ニュアルの廃止とそれに関するディスカッション・ペーパーの公表であったと考えられる[14]。当該ディスカッション・ペーパーでは，金融検査マニュアルに基づいて「過去の貸倒実績のみに依拠して引当を見積もる実務が定着した結果，金融機関が認識している将来の貸倒れのリスクを引当に適切に反映させることが難しくなっ[15]」ていることから，一般貸倒引当金の見積りに当たっては，「過去実績や個社の定量・定性情報に限られない幅広い情報から，将来を見据えて適切に特定・評価することが重要[16]」と指摘している。当該指摘の背景には，「これまでの検査マニュアルに基づく検査では金融機関の融資ポートフォリオに関する信用リスクの高まりを事前に察知し，将来の金融危機に対応することはできない[17]」との認識があったと考えられる。

日本銀行金融機構局が，地域金融機関（地域銀行および信用金庫）を対象に2020年に実施したアンケート調査の結果をみると，FL引当の導入を検討している先は約20行庫にのぼり[18]，その後に実施された2021年[19]と2022年[20]のアンケート調査の結果をみても，さらに多くの地域金融機関（特に地域銀行）で検討が進められている様子がうかがわれる。もっとも，FL引当の導入に向けた検討が進んでいるわりに，実際に導入に至った地域金融機関の数はさほど多くない[21]。この要因としては，FL引当「導入に当たってのモデル構築の難しさや管理負担の重さといった実務的な課題[22]」が指摘されている。また，一般論として，法人は，課税庁に対しては所得を小さくみせたい一方，株主や投資家に対しては利益を大きくみせたいと考えるはずである[23]。このため，法人税法の規定次第では，法人税法自体がFL引当の導入を阻害する要因となる可能性もあると思われる。

なお，本邦金融機関におけるFL引当の導入事例をみると，一般貸倒引当金に係る予想損失率の算定に当たって，日本国内や主たる営業地域の景況感や雇用状況の将来予測値等，多種多様な情報を利用している様子がうかがわれる[24]。これは，各金融機関が，自身のリスク許容度やリスク認識を踏まえて，各金融機関の独自の判断で，より適切と思われる考慮要素を勘案して貸倒引当金を設定している結果だと考えられる。こうした意味では，本邦金融機関が導入しているFL引当は，既に欧米で導入されているFL引当と軌を一にするものとい

えよう。

Ⅲ 法人税法における貸倒引当金

本節では，まず，法人税法における貸倒引当金の規定を概観し，現行規定のもとでは，FL引当の算定方法を許容できないことを確認する。そのうえで，金融機関に許容されている貸倒引当金の損金算入規定は政策税制であり，その目的はFL引当と同様に金融システムの安定化にあるとも解しうることから，当該目的とコストの関係等を勘案すれば，より金融システムの安定化に資する仕組みとする余地もありうることを示す。

1 貸倒引当金に関する規定

法人税法における貸倒引当金は，別段の定めとして規定されており，現存する唯一の引当金規定である。かつては，企業規模や業種を問わず，貸倒引当金の損金算入が許容されていたが，2011（平成23）年度の税制改正以降，貸倒引当金を損金算入できる内国法人は，中小法人等および銀行等の金融機関に限定されている（52条1項）。

法人税法は，貸倒引当金を，個別評価金銭債権に係る貸倒引当金と一括評価金銭債権に係る貸倒引当金とに区分している。このうち，本稿の検討対象である一括評価金銭債権については，対象となる「内国法人が，〔中略〕一括評価金銭債権〔中略〕の貸倒れによる損失の見込額として，各事業年度〔中略〕において損金経理により貸倒引当金勘定に繰り入れた金額については，当該繰り入れた金額のうち，当該事業年度終了の時において有する一括評価金銭債権の額及び最近における売掛金，貸付金その他これらに準ずる金銭債権の貸倒れによる損失の額を基礎として政令で定めるところにより計算した金額〔中略〕に達するまでの金額は，当該事業年度の所得の計算上，損金の額に算入する」と規定されている（52条2項）。当該規定は，「一括評価金銭債権の額」および「貸倒れによる損失の額」を「基礎として政令で定めるところ」により計算した金額に達するまでの金額としており，必ずしもFL引当を損金不算入と明示しているわけではないようにも思われる。しかし，法人税法が「公平あるいは公正な

負担のあり方を基本的な理念[25]」としていることを重視すれば、FL引当のような、各法人における独自の判断や恣意性が介在しうる算定方法をそのまま許容することは望ましくないともいえる。

実際、法人税法52条2項をうけた法人税法施行令は、一括評価金銭債権に係る貸倒引当金の繰入限度額の算定方法について、当該事業年度終了の時において有する一括評価金銭債権の帳簿価額の合計額に貸倒実績率を乗じて計算した金額、貸倒実績率は過去3年間の平均貸倒率としており、恣意性が介在しづらい規定となっている（96条6項）[26]。

2 貸倒引当金の性質[27]

法人税法施行令の定める一括評価金銭債権に係る貸倒引当金の繰入限度額の算定方法が現行の貸倒引当金の性質に照らして適切であるかについては、疑問の余地がある。なぜならば、当該算定方法は、貸倒引当金が企業規模や業種を問わず損金算入できた1998（平成10）年度税制改正時の規定をそのまま引き継いでおり、2011（平成23）年度の税制改正後の、企業規模や業種による制限のある現行規定の性質を反映したものでない蓋然性が高いからである。そこで、以下では、貸倒引当金の性質を簡単に確認する。

一般に、法人税法における貸倒引当金は、「一般に公正妥当と認められる会計処理の基準を前提としつつも、画一的処理の必要から、統一的な基準を設定し、または一定の限度を設け、あるいはそれを部分的に修正する[28]」性質の規定と解されている。当該解釈をもとに現行の企業会計および法人税法における取扱いをみると、企業会計においては法人の業種や経済活動の多様性を踏まえて会計処理を選択できるとしているのに対して[29]、「公平あるいは公正な負担のあり方を基本的な理念[30]」とする法人税法のもとでは、各法人の恣意性が介在する余地を極力減らす観点から、統一的な基準（過去の貸倒実績率）を設定しているものと考えられる。

しかし、貸倒引当金については、「租税政策上または経済政策上の理由から、一般に公正妥当と認められる会計処理の基準に対する例外[31]」と解する見解もある[32]。当該見解では、法人税法における貸倒引当金の性質は、創設当初から一貫

して，法人の内部留保充実を目的とした租税特別措置であったところ[33]，適用法人が金融機関や中小法人等に限定されたことにより[34]，金融機関の内部留保充実を通じた金融システムの安定化を企図した政策税制（詳細は後述）に変容したと解している[35]。こうした見解は，金融機関に対して貸倒引当金の損金算入を許容する目的を，個々の金融機関の経営に対する影響を越えて金融機関が内包するシステミック・リスクに対する政策的配慮と解する点で[36]，FSF が FL 引当の開発を勧告したこと[37]と整合的といえよう。

3 政策税制

政策税制とは，租税特別措置と「重なりつつも区別して用いられてきた概念[38]」である。すなわち，租税特別措置は，「担税力その他の点で同様の状況にあるにもかかわらず，なんらかの政策目的の実現のために，特定の要件に該当する場合に，税負担を軽減しあるいは加重することを内容とする措置[39]」と解されており，政策税制は，「公平・中立・簡素な方法での税収獲得すなわち財政目的を追求する租税政策との対比において，財政目的ではない経済社会政策目的を，租税制度を用いて（本則の税負担を軽課または重課することで）実現しようとするものの総称[40]」と解されている。大雑把に分類すれば，租税特別措置のうち，財政目的（租税政策）以外の目的から設けられたものが政策税制と考えられるだろう[41]。

また，政策税制は，「政策目的の実現手段として租税による誘因を用いることの合理性に関心を寄せる点で，租税公平主義からの逸脱を問題視する『租税特別措置』論とは一線を画する[42]」とも解されており，当該解釈のもとで論点となるのは，政策目的の実現に係る政策税制の効率性である[43]。当該効率性を評価するに当たっては，税収への影響と政策効果との比較（費用対効果）のほか，制度全体との整合性や当該制度が継続して存在している理由等を考慮する必要があるとされている[44]。これらの考慮事項に対する考察を深めることで，より政策目的に適合した政策税制が設定されると思われる。

本稿の題材である金融機関に許容されている貸倒引当金の損金算入規定を金融システムの安定化を企図した政策税制と解する場合，税収の減少というコス

トと金融システムの安定化というベネフィットとの比較が大きな論点となろう。また，企業会計におけるFL引当と法人税法における貸倒引当金が共通の目的を有しているとの理解を前提とすれば，両者の整合性，例えば，法人税法がFL引当の計上を抑制するような制度とならないような配慮等が必要と思われる。

Ⅳ　算定方法に関する考察

1　算定方法

本稿では，企業会計におけるFL引当と法人税法における貸倒引当金が，金融システムの安定化に資するという共通の目的を有すると解する立場から論じている。もっとも，既に確認したとおり，公平あるいは公正を基本理念とする法人税法において，FL引当のような法人の独自性や恣意性が介在しうる算定方法を，そのまま許容することは望ましくないと思われる。そこで，思考実験として，企業会計と同様の計算方法とはせずに，より金融システムの安定化に寄与しうる，法人税法における貸倒引当金の算定方法を考える余地がないか考察してみる。

以下では，現行制度を簡略化した事例①と，何らかの算定基準を追加的に設定することで損金算入限度額を拡大させた事例②を設定し，簡単な計算例を示しながら，より金融システムの安定化に資するような一括評価金銭債権に対する貸倒引当金の算定方法を考えてみる。具体的には，法定実効税率が40％〔t〕で，企業会計上の収益が1,000，費用が600（うち貸倒引当金繰入が200）の金融機関を想定する。なお，貸倒引当金は洗替方式であり，基本的には単なる課税繰延べであることから，貨幣の時間的価値を無視すれば，税収に対して中立である。しかし，貸倒引当金の目的が金融機関の内部留保充実を通じた金融システムの安定化であり，そのもとで金融機関は事業活動を半永久的に継続すると仮定すれば，貸倒引当金も半永久的に繰り延べられるはずである。そうした仮定のもと，ここでは，貸倒引当金を減税措置と考える[45]。

まず，現行の貸倒実績率に基づく貸倒引当金を損金算入できる場合で，その損金算入限度額が100の事例を考える（事例①）。この場合，企業会計上の税引

前利益は400 (1,000 − 600) だが，損金不算入となる貸倒引当金繰入額100を調整しなければならないため，調整後の課税所得500 (400 + 100) と損金不算入となった貸倒引当金繰入100に法定実効税率40％を乗じることで，法人税等200 (500×40％) と法人税等調整額40 (100×40％) とが算出され，税引後利益は240 (400 − 200 + 40) となる（図表1）。なお，法人税等調整額の反対科目である繰延税金資産40は法人税等の前払いに相当するが，金融機関が繰延税金資産[46]を計上できるか否かは，当該資産の回収可能性次第である（税効果会計基準第二 二 1）。[47]

次に，現行の貸倒実績率に基づく貸倒引当金の損金算入限度額100に上乗せするかたちで，貸倒引当金の新たな損金算入限度額100〔a〕を設定する事例を考える（事例②）。この場合，貸倒引当金繰入額200をすべて損金算入できるため，企業会計上の税引前利益と課税所得はともに400となる。そして，課税所得400に法定実効税率40％を乗じることで，法人税等160が算出され，税引後利益は240 (400 − 160) となる。結果として，金融機関は，法人税等を40だけ減税されたことになる（図表1）。

図表1　損益計算のイメージ：事例① vs 事例②

事例①：損金算入限度額100		事例②：損金算入限度額200	
収益	1,000	収益	1,000
費用	600	費用	600
うち貸倒引当金繰入	200	うち貸倒引当金繰入	200
税引前利益	400	税引前利益	400
法人税等	200	法人税等	160
法人税等調整額	▲40	法人税等調整額	0
税引後利益	240	税引後利益	240

出所：筆者作成。

事例①が税効果会計を適用していることから，両事例とも税引後利益の額，貸借対照表の資産および資本の額は一致する。しかし，金融システムの安定化という点については，事例②のほうが寄与すると考えられる。事例②は，損金算入限度額が100拡大しているため，当該限度額に繰り入れた（損金経理した）金額に法定実効税率40％を乗じた40だけ税負担が減少する。そして，当該税

負担の減少は，その分だけ現預金の増加をもたらし，金融機関の損失吸収力を高めることになる。なお，当該現金の増加は，負債性の資金調達とは異なり，負債や支払利息の増加を伴わない点で，金融機関にとってメリットが大きい。これに対し，事例①でみた繰延税金資産は，資産および自己資本の増加には寄与するものの，換金性がなく損失吸収効果は期待できないほか，回収可能性如何によっては，必ずしも前払いした法人税等を回収できるとは限らないというデメリットがある。[48]

2 想定される金融機関への影響

前述のとおり，事例②では，繰延税金資産の回収可能性に問題がある金融機関や，繰延税金資産の回収可能性に問題はないが，有税での貸倒引当金繰入を計上している金融機関は，税負担の減少，ひいては現預金の増加というメリットを享受できる。このように，事例①と比べて損金算入限度額が拡大される事例②のほうが，金融機関の経営の健全性，ひいては金融システムの安定化の観点からは望ましいといえる。

それでは，損金算入限度額の拡大が，金融機関の貸倒引当金設定行動，すなわち，企業会計上の貸倒引当金繰入額の増加に寄与するだろうか。仮に金融機関の貸倒引当金繰入額（損失の見越計上）が増加するとすれば，金融経済環境の悪化等によって生じる貸倒損失を貸倒引当金で相殺できる可能性が高まることから，それだけ金融機関の資本に対する悪影響を緩和でき，ひいては金融システムの安定化により資すると考えられる。

この点，金融機関が貸倒引当金繰入額を増加させるかは，当該金融機関がキャッシュ・フローと利益（資本）のどちらを重視するかに依存すると考えられる。例えば，事例①をベースに，費用および貸倒引当金繰入額をそれぞれ100ずつ減額（費用が500，うち貸倒引当金繰入が100）した場合（事例①'）を考えると，企業会計上の税引前利益と課税所得はともに500となり，法人税等は200，税引後利益は300となる。事例①'と事例②を比較すると，事例①'は損金が少ないことから税引後利益が60多くなり，事例②は，法人税等の支払額が少ないことから現預金が40多くなる（図表2）。これを一般化すると，損金算入限

度額の増加額〔a〕に合わせて企業会計上の貸倒引当金繰入額を〔a〕だけ増加させた場合，金融機関はキャッシュ・フローが〔a*t〕増加する一方，税引後利益が〔a*(1−t)〕減少する。したがって，キャッシュ・フローの増加と税引後利益の減少はトレードオフの関係となる。

図表2　損益計算のイメージ：事例①' vs 事例②

事例①'：損金算入限度額100		事例②：損金算入限度額200	
収益	1,000	収益	1,000
費用	500	費用	600
うち貸倒引当金繰入	100	うち貸倒引当金繰入	200
税引前利益	500	税引前利益	400
法人税等	200	法人税等	160
法人税等調整額	0	法人税等調整額	0
税引後利益	300	税引後利益	240

出所：筆者作成。

こうした関係を踏まえると，自己資本に余裕のない金融機関は，利益の減少を忌避するような行動をとると考えられることから，追加的な貸倒引当金の計上は期待できない。もっとも，これは，損金算入限度額の拡大というインセンティブが，自己資本に余裕のない金融機関の貸倒引当金設定行動を変化させるのに十分なものではないことを意味するに過ぎない。

他方，自己資本に余裕のある金融機関にとっては，損金算入限度額の拡大が，信用リスク管理の高度化を検討する契機となるかもしれない。具体的には，企業会計上の貸倒引当金繰入額が従前より大きくなるよう，FL引当等の導入が進捗する可能性がある。また，企業会計上の貸倒引当金の算定手法の高度化が困難であっても，税法基準のほうが貸倒引当金繰入の計上金額が大きくなるような場合には，税法基準で貸倒引当金を計上する可能性もあるだろう（いわゆる逆基準現象）。自己資本に余裕のある金融機関の損失吸収力向上は，個別金融機関の信用リスク管理の高度化にとどまらず，システミック・リスク顕在化による悪影響を抑制しうると考えられることから，金融システムの安定化に資するであろう。

以上を踏まえると，損金算入限度額の拡大は，金融機関における内部留保充

実や貸倒引当金繰入額の増加，ひいては金融システムの安定化をもたらすと考えられる。

3 政策税制としての費用対効果

政策税制の妥当性を検討するうえでは，政策手段としての効率性，すなわち，費用対効果が重要な考慮事項である。以下では，事例①と事例②の比較を念頭において，コストとベネフィットを考察する。[49]

まず，ここでいうコストとは，税収の減少である。当該コストは，マクロでみた損金算入限度額の増加額〔A〕に法定実効税率〔t〕を乗じた〔A*t〕が最大値であり，実際の貸倒引当金の繰入れ状況に応じて低下すると考えられる。

次に，ベネフィットである。政策税制としての貸倒引当金のベネフィットは，金融システムの安定化への寄与であるが，これを定量的に評価することは技術的に難しい。なぜならば，金融システムの不安定化による損失，すなわち，個別金融機関の経営破綻等，それに付随して生じうる信用収縮や経済環境の悪化等による損失については，どこまでの影響を射程に入れるか，どのようなモデルを用いて推計するかといった前提を整理する必要があるからである。[50]

そうしたもとで，税収減〔A*t〕というコストと金融システムの安定化というベネフィットを比較衡量し，貸倒引当金に係る最適な損金算入限度額の増加額〔a〕を設定することが想定される。この点，例えば貸倒引当金の前身である貸倒準備金に倣い，「一括評価金銭債権残高の価額」に，当該施行令等によって定められた「一定の割合」を乗じるといった算定方法が考えられるかもしれない。こうした方法であれば，企業会計におけるFL引当の計上を阻害することなく，金融システムの安定化に資するという，本稿が仮定する政策税制としての目的を果たすことができると思われる。

V　おわりに

本稿の主題は，金融機関に許容されている貸倒引当金の損金算入を金融システムの安定化を企図した政策税制と解する立場から，より金融システムの安定化に資するような一括評価金銭債権に対する貸倒引当金の算定方法を考察する

ことであった。本稿では，法人税法における貸倒引当金が，金融システムの安定化を企図した政策税制であるとの前提のもとで，損金算入限度額の拡大が，金融機関の内部留保充実や，FL引当の導入等を通じた信用リスク管理の高度化に寄与する可能性があることを示した。

もっとも，本稿で示した簡便な事例では，単純な損金算入限度額の拡大だけでは，自己資本に余裕のない金融機関に対して，追加的な貸倒引当金の繰入れを促進することは難しいという課題も確認された。金融システムの安定化という観点からは，こうした金融機関の資本や貸倒引当金をいかに増加させるかも重要な論点であり，今後の課題としたい。

注
 *本稿の作成に当たっては，前金融研究所客員研究員の木村晃久教授（横浜国立大学）から多大なるご指導を賜った。また，藤間大順准教授（神奈川大学）および日本銀行スタッフから有益なコメントを頂戴した。ここに記して感謝したい。ただし，本稿に示されている意見は，筆者個人に属し，日本銀行の公式見解を示すものではない。また，ありうべき誤りはすべて筆者個人に属する。
1) 金融検査マニュアル検討会「最終とりまとめ」（金融庁・1999年）〈https://www.fsa.go.jp/p_fsa/news/newsj2/f-19990408-1/004.PDF〉。なお，本稿で引用するリンクの最終確認日は，いずれも2024年5月29日である。
2) 銀行経理問題研究会編『銀行経理の実務〔第10版〕』（金融財政事情研究会・2023年）517頁。
3) 金融庁「検査マニュアル廃止後の融資に関する検査・監督の考え方と進め方」ディスカッション・ペーパー（金融庁・2019年）3頁〈https://www.fsa.go.jp/news/r1/yuushidp/yushidp_final.pdf〉。また，竹内淳一郎・植松義裕「地域金融機関の貸倒引当金を巡る環境」（日本銀行・2022年）8頁も，「会計基準上は，必要な修正として将来見込み等を考慮するとしているが，実際には，過去の貸倒実績率の過去平均を用いる先が多かった」と指摘している〈https://www.boj.or.jp/finsys/c_aft/data/aft220831a2.pdf〉。
4) 日本銀行金融機構局「地域金融機関による引当方法の見直しと審査・管理の工夫」金融システムレポート別冊シリーズ（日本銀行・2021年）7頁〈https://www.boj.or.jp/research/brp/fsr/data/fsrb211221.pdf〉。
5) 正常先に対する債権および要注意先に対する債権が対象。
6) 拙稿「法人税法における貸倒引当金の性質に関する考察」IMES Discussion Paper Series 2024-J-7（日本銀行金融研究所・2024年）。拙稿では，制度創設から現在に至るまでの法人税法における貸倒引当金の性質の変遷を整理しており，現行制度が金融機関に貸倒引当金の損金算入を許容しているのは，金融システムの安定化を企図した政策税制の面もあろうとの考察を示している〈https://www.imes.boj.or.jp/research/papers/japa

nese/24-J-07.pdf〉。

7) 管見の限り，本稿執筆時点においては，藤井誠「社会経済の発展がもたらす新たな費用」日税研論集 85 号（日本税務研究センター・2024 年）216〜228 頁しか見当たらない。

8) 本稿では，所得税法における貸倒引当金や他業種における取扱いについては検討しない。

9) TBTF 問題については，例えば，日本銀行金融機構局・金融庁監督局・預金保険機構調査国際部「巨大金融機関の破綻処理制度改革の軌跡――10 年目の節目を越えて――」日銀レビュー 2022-J-7（日本銀行・2022 年）〈https://www.boj.or.jp/research/wps_rev/rev_2022/data/rev22j07.pdf〉や，小立敬『巨大銀行の破綻処理――ベイルアウトの終わり，ベイルインの始まり』（金融財政事情研究会・2021 年）等を参照。

10) 楠元新一ほか「予想信用損失（ECL）型引当の特徴と運用面の課題」日銀レビュー 2019-J-9（日本銀行・2019 年）1 頁参照〈https://www.boj.or.jp/research/wps_rev/rev_2019/data/rev19j09.pdf〉。なお，紙幅の都合から，貸倒損失に係る議論は割愛する。

11) 金融安定理事会（Financial Stability Board：FSB）の前身組織。金融市場の監督や調査等に関する国際的な協力を通じて，国際金融の安定を促進することを目的としていた。

12) Financial Stability Forum, "Report of the Financial Stability Forum on Addressing Procyclicality in the Financial System," (FSB・2009) p.4〈https://www.fsb.org/wp-content/uploads/r_0904a.pdf〉.

13) IASB と FASB の予想損失モデルの概要や異同等については，企業会計基準委員会「第 477 回企業会計基準委員会の概要」のうち，4. 金融資産の減損に関する会計基準の開発（企業会計基準委員会・2022 年）の審議 (4)-2 から審議 (4)-6 までを参照〈https://www.asb-j.jp/jp/project/proceedings/y2022/2022-0413.html〉。

14) 金融庁・前掲注 3）。

15) 金融庁・前掲注 3）3 頁。

16) 金融庁・前掲注 3）6 頁。

17) 金融庁「融資に関する検査・監督実務についての研究会 第 1 回資料」（金融庁・2018 年）4 頁〈https://www.fsa.go.jp/singi/yuusiken/siryou/01.pdf〉。

18) 日本銀行金融機構局「地域金融機関における貸倒引当金算定方法の検討事例」金融システムレポート別冊シリーズ（日本銀行・2020 年）4 頁・図表 4 によれば，約 20 行庫の地域金融機関が，2020 年度中に，FL 引当の導入（表中では，「フォワードルッキング手法の導入」）を検討していたようである〈https://www.boj.or.jp/research/brp/fsr/data/fsrb201105.pdf〉。

19) 日本銀行金融機構局「地域金融機関による引当方法の見直しと審査・管理の工夫」金融システムレポート別冊シリーズ（日本銀行・2021 年）3 頁・図表 2〈https://www.boj.or.jp/research/brp/fsr/data/fsrb211221.pdf〉参照。

20) 日本銀行金融機構局「地域金融機関の引当方法の見直しと経営改善支援への取り組み」金融システムレポート別冊シリーズ（日本銀行・2023 年）3 頁・図表 1〈https://www.boj.or.jp/research/brp/fsr/data/fsrb230330.pdf〉参照。

21) 日本銀行金融機構局・前掲注 20）3 頁・図表 1。

22) 日本銀行金融機構局・前掲注 20）3 頁。

23) 渡辺徹也『スタンダード法人税法〔第3版〕』（弘文堂・2023年）39頁。
24) 日本銀行金融機構局金融高度化センターが2022年に開催した金融高度化ワークショップ「貸倒引当金の現状と課題」で報告された，資料3「ふくおかフィナンシャルグループにおける引当方法見直しの取組み」〈https://www.boj.or.jp/finsys/c_aft/data/aft220831a4.pdf〉と，資料4「フォワードルッキングな引当の導入について」（琉球銀行）〈https://www.boj.or.jp/finsys/c_aft/data/aft220831a5.pdf〉を参照。
25) 岡村忠生『法人税法講義〔第3版〕』（成文堂・2007年）38頁。
26) 金子宏『租税法〔第24版〕』（弘文堂・2021年）427頁によれば，過去3年間の貸倒実績率による貸倒見込額が限度額として定められたのは，米国の考え方に倣ったようである。
27) 貸倒引当金の性質をめぐる議論の詳細については，拙稿・前掲注6)を参照されたい。なお，以下に示す個人的な見解の多くは，拙稿・前掲注6)に依拠している。
28) 金子・前掲注26）361頁。なお，東京大学名誉教授・金子宏は，その著書である『租税法』において，1976年の初版から2021年の第24版に至るまで一貫して，引当金をこうした性質の規定と例示している。
29) 桜井久勝『財務会計講義〔第24版〕』（中央経済社・2023年）64～65頁。
30) 岡村・前掲注25) 38頁。
31) 金子・前掲注26）361頁。
32) 拙稿・前掲注6)。
33) なお，貸倒引当金の前身である貸倒準備金を租税特別措置と解する見解として，石弘光『現代税制改革史　終戦からバブル崩壊まで』（東洋経済新報社・2008年）262～263頁，泉美之松・吉國二郎・高木文雄「産業の保護と育成」エコノミスト編集部編『戦後産業史への証言―産業政策』伊藤光晴監修（毎日新聞社・1977年）22頁〔泉発言〕。
34) 法人税法には，かつて，製品保証等引当金（旧56条の2）等の特定業種にのみ損金算入を許容する引当金が存在していた。もっとも，製品保証等引当金が廃止された理由の1つとして，特定の業種にのみ認められている引当金がもたらす業種間の不公平が挙げられている（大武健一郎・矢澤富太郎「対談：平成10年度税国税関係の改正の概要について」税経通信60巻5号（中央経済社・1998年）10頁〔大武発言〕。）。このことに鑑みると，貸倒引当金に係る適用法人の限定化は，業種間の不公平をもたらす改正と考えられることから，何らかの政策税制と思われる（拙稿・前掲注6) 45～46頁）。この点，中小法人等については，大法人と比べて相対的に財務基盤が不安定と考えられることへの配慮として認められているものと考えられる。なお，中小法人の貸倒引当金の繰入れを政策税制とする見解として，渡辺徹也「近年における法人税法の変遷に関する覚書」早稲田大学法学会編『早稲田大学法学会百周年記念論文集』1巻公法・基礎法編（成文堂・2022年）180頁。
35) 金融機関に貸倒引当金の損金算入が許容される理由は，税制調査会や当局からの説明がないため，必ずしも明らかでない。この点，「金融機関については，貸倒引当金等のクレジットコストが大きなコストであり，貸倒引当金をすべて有税にしてしまうと経営に与えるインパクトが過大となることから，これに配慮する形で適用対象とされたものと考えられる」との見解がある（大村圭一「『経過期間』の考え方は？貸倒引当金改正のイ

ンパクト」税務弘報 60 巻 5 号（中央経済社・2012 年）91 頁。）。しかし，個々の金融機関の経営に与える影響のみを考慮したものだとするならば，特定業種に対する配慮として認められていた製品保証等引当金が廃止されたことと整合的でないと思われる（拙稿・前掲注 6）46 頁。

36) 日本銀行 HP によれば，システミック・リスクとは，「個別の金融機関の支払不能等や，特定の市場または決済システム等の機能不全が，他の金融機関，他の市場，または金融システム全体に波及するリスク」であり〈https://www.boj.or.jp/about/education/oshiete/kess/i06.htm〉，バブル崩壊後の金融システムの不安定化や世界金融危機は，当該リスクが顕在化した例である。

37) 拙稿・前掲注 6）47 頁。

38) 藤谷武史「租税特別措置法の性格と課題」税研 221 号（日本税務研究センター・2022 年）29 頁。

39) 金子・前掲注 26）93 頁。

40) 藤谷・前掲注 38）29 頁。

41) 拙稿・前掲注 6）7～9 頁参照。

42) 藤谷・前掲注 38）29 頁。

43) 中里実「租税法と政策税制」中里実・米田隆・岡村忠生編集代表『現代租税法講座』1 巻金子宏監修（日本評論社・2017 年）138 頁。

44) 中里実「制度の効率性と租税」論究ジュリスト 10 号（有斐閣・2014 年）91 頁参照。

45) 仮に当該金融機関が破綻した場合，税務当局は，課税を繰り延べていた部分の回収が困難となる。また，本稿の前提とは異なり，当該金融機関の一括評価金銭債権残高が減少し続ける場合は，毎期の繰入額よりも戻入額のほうが大きくなりうる。もっとも，事業を継続している金融機関の一括評価金銭債権残高がゼロになることは通常想定されないことから，いずれにしても課税繰延べは生じると考えられる。

46) 企業会計審議会「税効果会計に係る会計基準の設定に関する意見書」二 2（金融庁・1998 年）〈https://www.fsa.go.jp/p_mof/singikai/kaikei/tosin/1a918a.htm〉。

47) 回収可能性の判断に係る詳細については，繰延税金資産の回収可能性に関する適用指針（企業会計基準適用指針 26 号）を参照。

48) 本稿では，繰延税金資産の回収可能性の詳細については立ち入らないが，一般的に，業績等が悪い企業ほど，繰延税金資産の回収が見込めず，資産計上もできないと考えられる。

49) なお，先に確認したとおり，損金算入限度額の拡大は金融機関の FL 引当導入を阻害することはなく，むしろ一部金融機関の FL 引当導入を促進しうるという点で，FL 引当とも整合的と考えられる。

50) 筆者の力不足により，本稿ではベネフィットの定量化は行わない。

日本租税理論学会規約

(1989年12月9日　制定)
(2002年11月16日　改正)
(2011年11月12日　改正)
(2019年12月7日　改正)

第1章　総　則

第1条　本会は、日本租税理論学会（Japan Association of Science of Taxation）と称する。

第2条　本会及び事務局は、日本国内に置く。

第2章　目的及び事業

第3条　本会は、租税民主主義の理念に立脚し、租税問題を関連諸科学の協力を得て総合的・科学的に研究することを目的とする。

第4条　本会は、前条の目的を達成するために、左の事業を行う。
1　研究者の連絡及び協力促進
2　研究会、講演会及び講習会の開催
3　機関誌その他図書の刊行
4　外国の学会との連絡及び協力
5　その他理事会において適当と認めた事業

第3章　会員及び総会

第5条　本会は、租税問題の研究にたずさわる者によって組織される。

第6条　会員になろうとする者は、会員2人の推薦を得て理事会の承認を受けなければならない。

第7条　会員は、総会の定めるところにより、会費を納めなければならない。3年の期間を超えて会費を納めない場合は、当該会員は退会したものとみなす。

第8条　本会は、会員によって構成され、少なくとも毎年1回総会を開催する。

第4章　理事会等

第9条　本会の運営及び会務の執行のために、理事会を置く。
　理事会は、理事長及び若干人の理事をもって構成する。

第10条　理事長は、理事会において互選する。
　理事は、総会において互選する。
第11条　理事長及び理事の任期は、3年とする。但し、再任を妨げない。
第12条　理事長は、会務を総理し、本会を代表する。
第12条の2　理事会内に若干人の常任理事で構成する常任理事会を置く。任期は3年とする。但し、再任を妨げない。
第13条　本会に、事務局長を置く。
　事務局長は、理事長が委嘱する。
第14条　本会に、会計及び会務執行の状況を監査するために、若干人の監事を置く。
　監事は、総会において互選し、任期は3年とする。但し、再任を妨げない。
第14条の2　理事会は、本会のために顕著な業績のあった者を顧問、名誉会員とすることができる。

　　第5章　会　計

第15条　本会の会計年度は、毎年1月1日に始まり、その年の12月311日に終わるものとする。
第16条　理事長は、毎会計年度の終了後遅滞なく決算報告書を作り、監事の監査を経て総会に提出して、その承認を得なければならない。

　　第6章　改　正

第17条　本規約を改正するには、総会出席者の3分の2以上の同意を得なければならない。

　　附　則

第1条　本規約は、1989年12月9日から施行する。

日本租税理論学会役員名簿

（2024年10月末現在）

理　事　長　　　[*1*8*9] 石村　耕治（白　鷗　大　学）
事務局長　　　[*8] 望月　爾（立命館大学）
理　　　事
〔財　政　学〕　[*1*9] 安藤　実（静岡大学）　[*3] 内山　昭（立命館大学）
　　　　　　　　河音　琢郎（立命館大学）　後藤　和子（摂南大学）
　　　　　　　　篠原　正博（中央大学）　関野　満夫（中央大学）
〔税　法　学〕　[*6*8] 阿部　徳幸（日本大学）　伊川　正樹（名城大学）
　　　　　　　　[*1*8*9] 石村　耕治（白鷗大学）　[*6*8] 伊藤　悟（白鷗大学）
　　　　　　　　岡田　俊明（税理士）　[*3] 小川　正雄（愛知学院大学）
　　　　　　　　奥谷　健（広島修道大学）　[*6] 鎌倉　友一（愛知大学）
　　　　　　　　[*8] 黒川　功（日本大学）　[*3*6] 小池　幸造（静岡大学）
　　　　　　　　[*3*6] 湖東　京至（静岡大学）　[*1] 田中　治（大阪府立大学）
　　　　　　　　谷口　智紀（専修大学）　鳥飼　貴司（日本大学）
　　　　　　　　[*6*8] 長島　弘（立正大学）　[*1*8] 中村　芳昭（青山学院大学）
　　　　　　　　[*4*6] 浪花　健三（大阪経済大学）　[*3*7] 水野　武夫（立命館大学）
　　　　　　　　[*8] 望月　爾（立命館大学）　森　稔樹（大東文化大学）
　　　　　　　　松岡　基子（税理士）
〔税務会計学〕　荒川　俊之（振替口座管理者/税理士）　[*8] 粕谷　幸男（税理士）
　　　　　　　　[*6*8] 髙沢　修一（大東文化大学）
　　　　　　　　中村　克己（システム管理者／IT担当／税理士）
　　　　　　　　八代　司（税理士）
監　　　事　　　木村　幹雄（税理士）　平石　共子（税理士）

（注）＊1 名誉教授、＊2 特任教授　＊3 元教授、＊4 客員教授、＊5 研究員、＊6 税理士、＊7 弁護士、＊8 常任委員会構成理事、＊9 現/前/元理事長

日本租税理論学会事務局　〒603-8577　京都府京都市北区等持院北町56-1
　　　　　　　　　　　　　立命館大学法学部共同研究室内（望月　爾）
　　　　　　　　　　　　　　　　　　　　　　　　　　　日本租税理論学会
　　　　　　　　　（郵便振替　00110-9-543581　日本租税理論学会）
日本租税理論学会ホームページアドレス　http://www.j-ast.com/
日本租税理論学会事務局メールアドレス　info@j-ast.com

租税理論研究叢書 34

令和6年10月30日　初版第1刷発行

雇 用 ・ 教 育 と 税 制

編　者　日　本　租　税　理　論　学　会
発行者　日　本　租　税　理　論　学　会

　　　　〒603-8577　京都府京都市北区等持院北町56-1
　　　　　　　　　　立命館大学法学部共同研究室内（望月　爾）

発売所　株式会社　財経詳報社

　　　　〒103-0013　東京都中央区日本橋人形町1-7-10
　　　　電　話　03（3661）5266（代）
　　　　ＦＡＸ　03（3661）5268
　　　　http://www.zaik.jp

落丁・乱丁はお取り替えいたします。　　　印刷・製本　創栄図書印刷
©2024　　　　　　　　　　　　　　　　　　Printed in Japan 2024

租税理論研究叢書

日本租税理論学会編　　　　　　各Ａ５判・150〜250頁

28　所得概念の再検討　●3080円（税込）

イギリス型の支出税構想，ドイツの市場所得概念から，わが国の法人税法上の課税所得概念のあり方に至るまで，所得概念に関する研究報告を踏まえて，研究者と実務家が一体となって，多角的に討論を展開する。

29　税制改革の今日的課題　●3080円（税込）

所得税，法人税，相続税の現状，トランプ税制改革から英国税制，ドイツの企業税改革などの研究報告とともに，シンポジウムでは，日・米・英・独など税制改革の今日的な課題について議論が展開される。

30　租税上の先端課題への挑戦　●3080円（税込）

タックス・ジャスティス，プラットフォーマー，クラウドファンディング，暗号資産取引，シェアリングエコノミー，デジタル化・グローバル化，韓国における納税者権利保護，東アジアの儒教的経営などの分析報告と多角的な議論。

31　企業課税をめぐる内外の諸問題　●3080円（税込）

地方法人２税の税源偏在と東京，国際的デジタル企業課税と各国の動向，コロナ禍と災害税制・被災者支援税制の課題，パンデミック下の国税通則法11条適用を巡る諸問題，ドイツにおけるコロナ危機下の税制支援，の報告と討論。

32　災害・デジタル化・格差是正と税制のあり方　●3080円（税込）

東日本大震災被災自治体の復興格差と地方税，AI・ロボット税の導入論議，デジタル課税における無形資産の取扱い，適格請求書等保存方式への移行と電子インボイスの課題，格差拡大を加速させるインボイス制度，アメリカEITCのノンコンプライアンスにおける法的問題点，経済のデジタル化と税制をめぐる国際協調と米国の税制改革，の報告と討論。

33　人権と税制・税務行政　●3080円（税込）

年齢要件と税制，租税手続法の課題である納税者の権利保護，納税者の権利保護の国際的進展，納税者支援調整官による苦情処理の現状と課題，人的資本会計が税務会計に与える影響，環境会計と税務会計に関する共通的な課題，の報告と討論。

表示価格は本体（税別）価格です　　　10号〜27号のバックナンバーもございます